공공외교의 이해

공공외교의 이해

윤석준 지음

UNDERSTANDING PUBLIC DIPLOMACY

KOREA FOUNDATION

한울 아카데미

서문

이 책의 주요 내용은 필자가 한국국제교류재단(KF: Korea Foundation)의 공공외교 역량강화 시범대학 사업의 일환으로 2018년 2학기부터 서강대학교에서 강의해 온 '공공외교의 이해'라는 교양 교과목과 '국제관계 특강: 공공외교론'이라는 정치외교학과 전공 교과목, '국제관계와 유럽: 유럽의 공공외교'라는 유럽문화학과 전공 교과목의 실제 강의 내용을 기반으로 집필한 것이다. 필자는 공공외교 관련 교과목의 신규 개설을 위해 교육과정을 설계하면서 처음에는 미국에서 출판된 서적과 논문들을 주 수업 자료로 활용하려 했다. 공공외교가 사실상 미국 대외정책의 역사와 함께 발전해 왔으므로 미국 학계에서 나온 서적과 논문들이 가장 풍부한 학술적 논의와 현장 사례를 담고 있기 때문이다. 그러나 그러한 자료들은 학술적 논의와 사례연구의 풍부함에도 불구하고 한국의 현실과 맞지 않는 내용이 너무 많았다. 그래서 매 학기 수업 설계와 준비에 상당히 많은 시간과 공이 들어도 가능하면 한국의 현실에 부합하는 내용들로 강의를 구성해 가며 공공외교 수업들을 진행해 왔다. 그 결과, 매 학기말에 실시된 강의 평가에서 해당 강의들은 수강생들로부터 상당히 좋은 평가를 받아왔고, 그에 따라 수강생들을 중심으로 공공외교 분야에 대한 관심을 높일 수 있었다. 이를 계기로 한국국제교류재단으로부터 수업 내용을 바탕으로 한 공공외교 관련 서적 집필을 제안받았고, 이에 필자는 대학의 공공외교 관련 수업들에 활용함은 물론, 공공외교 관련 업무에 종사하는 실무자들도 읽을 수 있도록 이 책을 집필하게 되었다.

이 책은 다음과 같은 세 가지 원칙을 세워 집필했다. 첫째로, 우리의 대외 환경과 외교 목표에 부합하는 문제의식을 바탕으로 한국의 공공외교와 관련된 논의들을 최대한 담아내려고 노력했다. 분단이라는 우리만의 특수한 현실에 기반을 둔 '통일 공공외교'나 한류문화를 통해 무한한 가능성을 확장해 가고 있는 '문화 공공외교' 등이 이러한 문제의식의 반영이다. 둘째로, 공공외교 분야에서 최근 급속히 부상하거나 주목받고 있는 새로운 공공외교에 대한 논의를 선도적으로 다루기 위해 노력했다. '기업 공공외교'나 '군사 공공외교'가 그 대표적인 내용들이다. 이 책이 다루고 있는 군사 공공외교의 경우 우리에게 다양한 경험과 사례가 있어 서구 학계보다 선도적으로 논의할 수 있는 영역이고, 기업 공공외교의 경우에는 우리 학생들에게 공공외교가 사회 진출과 어떻게 연결될 수 있는지에 대한 실질적인 고민을 심화해 주는 계기가 될 것이다. 셋째로, 공공외교와 관련된 국내 학계의 논의들을 최대한 소개하고 활용하려 노력했다. 우리 학계는 저술 과정에서 국내 동료 선후배 학자들의 연구 성과를 인용하는 데 조금은 인색한 면이 있는 것이 사실이다. 물론 서구 학계에 훌륭한 연구 성과들이 양적으로 더 많기 때문이기도 하지만, 단순히 그것만이 아니라는 문제의식을 그동안 가지고 있었다. 우리 학계의 많은 학문 영역이 그렇지만, 공공외교의 경우에도 그동안 척박한 환경에서 이에 대한 논의를 개척하고 발전시켜 오신 선배 학자들이 계신바, 이러한 연구 성과들을 최대한 소개하고 활용하여 우리의 공공외교를 가르치는 데 적극 활용하고자 한다.

처음 예상한 것보다 많은 시간과 노력이 든 결과물이지만, 탈고의 순간부터 아쉬움과 부족함으로부터 자유롭지 못하다. 부족한 점은 향후 지속적으로 보완해 나가고, 빠르게 변화하는 세상에 조응하는 내용들로 부지런히 보충해 나갈 것임을 약속드린다. 이 책의 집필은 한국에서 시작되었지만, 공공외교에 대한 관심과 고민은 유럽에서의 유학 시절에 시작되었다. 파리정치대학(Sciences Po)의 여러 선생님과 동료들로부터 받았던 외교 현장과 그에 기반을 둔 학술적 논의에 대한 풍부한 지적 자극들은 귀국 후 한국에서 행한 공공외교 관련 교과목 강의는 물론이고 이 책의 집필에 든든한 토대가 되었다. 공공외교가 정치외교학과 커뮤니케이션학의 양 측면에서 발전해 왔다는 점에서 학자들 간의 협업이 필요한바, 커뮤니케이션학자로서 문화 공공외교와 미디어 공공외교 집필에 도움을 주신 서강대학교 언론문화연구소 최지선 책임연구원님께 감사의 인사를 드린다. 이 책이 완성되기까지 여러 도움을 주신 서강대학교 공공외교 사업단의 류석진 교수님, 신호창 교수님, 김동택 교수님, 공공외교 평가 모델 개발 연구단 교수님들, 그리고 서강대학교 정치외교학과와 서울대학교 정치외교학부의 여러 교수님들께도 이 기회를 통해 감사의 인사를 드린다. 이 책의 출판은 한국 공공외교에서 중추적인 역할을 수행 중인 한국국제교류재단의 지원이 있었기에 가능했고, 한울엠플러스(주)의 김종수 대표님, 윤순현 실장님, 최진희 팀장님은 이 책이 세상에 나오기까지 출판의 여정을 함께해 주셨다. 그리고 마지막으로 강의실에서 공공외교라는 지적 여정을 열정적으로 함께 만들어온 사랑하는 우리 학생들에게 이 지면을 통해 감사의 말을 전한다.

2020년 8월 윤석준

차례

1부

공공외교란 무엇인가?

U N D E R S T A N D I N G
P U B L I C
D I P L O M A C Y

1장

공공외교의 정의

1. 공공외교에 대한 두 가지 접근

정치학적 접근과 커뮤니케이션학적 접근

공공외교(public diplomacy)는 자국의 이해관계를 극대화하기 위한 대외정책 차원의 목표를 달성하기 위해 타국의 대중에게 영향을 미치려는 일련의 외교 활동이나 외국 시민들을 통해 외국의 정부 정책에 영향을 주기 위해 사용하는 일련의 커뮤니케이션 활동을 의미한다. 공공외교의 정의는 일반적으로 다수의 학술용어 정의가 그러하듯 여러 학자들에 따라 조금씩 상이하기도 하고, 시간에 따라 그 정의가 점차 변화하기도 했다. 이러한 공공외교의 다양한 정의 속에서 공통적으로 정의되는 핵심 의미를 이해하기 위해, 먼저 공공외교라는 동일한 학술용어와 연구 대상이 두 개의 상이한 학문 분야에서 발전해 온 특수성에 주목해 보고자 한다.

공공외교에 대한 학술적 논의는 사회과학 내에서 정치학(political studies, politics, political science)과 커뮤니케이션학(communication studies, communication science)이라는 두 개 학문 분과를 중심으로 발전해 왔다. 구체적으로 공공외교에 대한 정치학적 접근은 국제관계학(international relations)과 외교론(diplomatic studies)을 중심으로 발전해 왔고, 공공외교에 대한 커뮤니케이션학적 접근은 국제 커뮤니케이션(international communication)과 전략적 커뮤니케이션(strategic communication)이라는 영역을 중심으로 발전해 왔다. 이러한 두 학문 분과에서의 학술적 발전은 최근 학제 간 접근으로 점차 그 간극이 좁혀지고 있다.

이에 따라 국내외에서 공공외교를 연구하는 학자들 중에는 정치학자들은 물론이고 커뮤니케이션학자들도 있으며, 공공외교에 대한 국내외 대학들에서의 교과 과정도 정치외교학과(또는 국제관계학과)와 커뮤니케이션학과(또는 언론정보학과, 신문방송학과) 양 분야에서 운영되고 있다. 이러한 이유로 공공외교에 대한 정의는 이 두 가지 분과 학문 영역 중 어디에 기반을 두고 접근하느냐에 따라 조금씩 달라질 수 있다. 공공외교에 대한 본격적인 논의와 이해는 이처럼 사회과학 내에서 상이한 학문 분과들을 배경으로 함께 발전해 온 공공외교의 학문적 특성에 대한 기본적인 이해에서 출발할 필요가 있다.

1) 공공외교에 대한 정치학적 접근

공공외교에 대한 정치학적 접근은 국제관계에서도 특히 외교에 대한 전통적 논의들 위에 서 있기 때문에, 정치학에서 논의해 온 공공외교를 이해하기 위해서는 먼저 외교의 정의에 대한 기본적인 이해가 선행되어야 한다. 일반적으로 외교란 국제사회에서 교섭을 통해 국가 간에 이루어지는 일체의 대외관계 활동 혹은 기술을 의미한다. 외교는 상대국 정부의 의사결정이나 정책 수립이 자국의 이익에 부합하도록 하는 데 그 주된 목적이 있으며, 이를 달성하기 위해 협상(negotiation), 중재(arbitration), 제제(sanction) 등 비군사적(non-military) 수단을 쓰는 것을 그 원칙으로 한다.

외교는 한 국가가 추구하는 대외정책(foreign policy)의 수단들 중 하나이다. 대외정책이란 자국의 정치적 목적이나 이익을 위해 다른 나라들에 대해 취하는 정책을 포괄적으로 의미하는데, 일반적으로 대부분의 국가는 대외정책 차원에서 외교와 전쟁이라는 두 가지 가용 수단을 보유하고 있다. 전통적 국제관계에서는 국가가 외교와 전쟁 사이의 배타적 선택을 통해서 자국의 정치적 목적이나 이익을 극대화해 왔으나, 현대적 국제관계에서 국가는 외교와 전쟁의 교차적 선택을 통해 자국의 이익을 극대화할 수도 있다(Weiner and Sharp, 2017).

정치학적 접근에서 공공외교는 바로 이러한 외교의 기본적 정의에 부합하는 다양한 외교 형태 중 하나로 이해할 수 있다. 오늘날 외교는 '주체', '대상', '양태', '영역' 등에 따라 다양하게 세분하여 논의되고 있다. 대표적으로 '주체'에 따라 국가행위자들 중심의 트랙 원 외교(track I diplomacy)와 비국가행위자들 중심의 트랙 투 외교(track II diplomacy)로 분류되고, 외교의 '양태'에 따라서는 양자 외교(bilateral diplomacy)나 다자 외교(multilateral diplomacy)로 분류되며, 외교 '영역'에 따라 경제외교(economic diplomacy), 문화외교(cultural diplomacy), 과학외교(science diplomacy), 도시외교(city diplomacy) 등 다양한 논의가 전개되어 왔다.

이처럼 다양한 외교 형태 중에서 공공외교는 외교의 '대상'이라는 차원에서 기존의 전통적인 외교 영역들과 본질적으로 다른 변별점이 있다. 기존의 전통외교가 타국의 외교관과 외교부를 중심으로 한 국가행위자들에 초점을 맞춰 공식적으로 진행되는 외교였다면, 공공외교는 타국의 일반 대중에게 초점을 맞춰 수행하는 다양한 형태의 외교 활동으로 구체화된다. 공공외교는 오늘날 민주주의 국가들의 정책 결정 과정에서 여론이나 공론의 장이 영향력을 발휘할 수 있다는 점을 전제로 한다. 상대국의 일반 대중이 자국에 대해 우호적인 인식을 갖게 되면 이를 바탕으로 상대국 대외정책이 자국에 유리한 방향으로 수립되는 데 영향을 미칠 수 있다는 것이다.

이와 같은 공공외교 개념이 어떻게 탄생하여 진화해 왔는지 서구 학계에서의 개념사적 경로와 관련해, 영미권 학계는 이러한 용어가 이미 1800년대 중반부터 영미권 언론들에 의해 사용되었다는 점에 주목한다. 그러나 1856년 영국의 ≪런던 타임스(London Times)≫에서는 공공외교라는 용어를 국민들에 대한 일종의 정중함(civility)이라는 의미로 사용했고, 1871년 미국의 ≪뉴욕 타임스(New York Times)≫에서는 열린 외교(open diplomacy)라는 의미로 사용되었다는 점에서 오늘날 공공외교의 개념과는 다소 거리가 있다(Cull, 2008). 이에 따라 오늘날 학계에서는 1960년대 에드먼드 걸리언(Edmund Gullion)이 제시한 공공외교의 정의에서 오늘날의 공공외교 개념이 태동했다고 보는 시각이 많다.

다른 한편으로 불어권 학계에서는 공공외교(la diplomatie publique)라는 용어를 1900년대 초반부터 사용해 왔는데, 당시 사용한 공공외교라는 용어는 국내외 대중에게 정보가 공개되는 열린 외교(la diplomatie ouverte)라는 의미에 가까웠다(Crès, 1918; Szilássy, 1928; ADIH, 1936). 그 후 1959년 쥘 바드방(Jules Basdevant)이 "소련은 공공외교(la diplomatie publique)를 남용한다"라고 소련의 프로파간다(propaganda)를 서구의 공공외교와 구분하여 비판했고, 1961년 프랜시스 페로(Francis Féraud)는 "서구의 공공외교가 부족해서 전 세계에 서구적 가치와 이데올로기보다 마르크스주의가 확산되고 있다"라고 말해 오늘날의 공공외교와 유사한 개념을 사용하기 시작했다(Basdevant, 1959; Féraud, 1961).

이후 공공외교가 정치외교학에서 하나의 학문 영역으로 자리 잡기 시작한 것은 1965년 미국 터프츠 대학 플래처스쿨(the Fletcher School of Law and Diplomacy at Tufts University)의 학장이자 전직 외교관인 에드먼드 걸리언이 전문적인 공보 외교관 양성을 위해 에드워드 머로 공공외교센터(The Edward R. Murrow Center for Public diplomacy)를 설립한 것에서 시작된다. 그는 공공외교가 "대외정책 수립과 집행에 대중의 태도가 끼치는 영향을 다루는 분야로서 정부가 다른 나라의 여론에 영향을 미치려는 노력, 양국 간 민간 차원에서의 교류 활동, 외교관들과 언론인들 사이의 커뮤니케이션"이라고 정의했다(Lequesne, 2013).

2) 공공외교에 대한 커뮤니케이션학적 접근

커뮤니케이션학 분야에서 공공외교에 대한 연구는 양차 세계대전과 냉전시대의 프로파간다 및 미디어 연구를 출발점으로 삼았다. 1950년대 후반부터 커뮤니케이션학이 미국 대학들에서 독자적인 학문 영역으로 발전하기 시작하면서 정치외교학 분야와는 다른 학문적 경로에서도 공공외교 연구가 태동하게 된다. 이후 1970년대와 1980년대에 전직 미국 공보처(USIA: United States Information Agency) 관료들이 퇴임 후 미국 대학들에서 공공외교 강의를 담당하면서, 커뮤니케이션학 분야에서 공공외교에 대한 연구와 교육이 더욱 활기를 띠게 된다.

공공외교에 대한 학술 연구가 커뮤니케이션학의 독자적인 세부 영역으로 발전하는 데는 냉전시대에 유럽과 미국의 미디어학자들이 중심이 되어 프로파간다와 미디어를 연구한 국제미디어역사협회(International Association for Media and History, 이하 IAMHIST)가 중요한 역할을 수행했다. 특히 IAMIST 학회장을 역임한 영국 리즈대학 니컬러스 컬(Nicholas J. Cull) 교수가 2003년 미국 남가주대학 아넨버그스쿨(USC: Annenberg School for Communication)에 설립한 공공외교센터는 전 세계 커뮤니케이션학 분야에서 공공외교 교육과 연구의 중심으로 여겨진다.

커뮤니케이션학은 공공외교의 핵심인 여론 형성과 작용에 대해 본질적인 문제를 제기해 온 학문 영역이다. 민주주의 국가들의 정부 정책 수립과 집행을 위한 의사결정 과정에서 민주적 정당성을 확보하고 정치사회적 갈등을 줄이는 데, 여론은 매우 중요한 의미가 있다. 미디어는 민주주의 국가들에서 여론 형성에 지대한 영향을 미치는데, 커뮤니케이션학에서는 바로 이 미디어가 여론 형성에 어떻게 영향을 미치는지를 다양하게 연구해 왔다. 의제설정이론(agenda-setting theory), 틀짓기 효과(framing effect), 침묵의 나선이론(spiral of silence theory) 등은 미디어가 여론 형성에 미치는 영향에 관한 커뮤니케이션학의 대표적 이론들이다.

공공외교에 대한 커뮤니케이션학적 접근은 국제 커뮤니케이션과 전략적 커뮤니케이션 분야를 중심으로 발전해 왔다. 특히 국내 커뮤니케이션학 학자들 중에는 공공외교라는 용어 대신에 공중외교라는 용어를 선호하는 경우가 있는데, 이는 전략적 커뮤니케이션 차원에서 공중관계(PR: public relations)에 대한 학술 연구 성과들을 기반으로 공공외교를 논의하는 경우가 많기 때문이다. 또한 공공외교는 정부, 미디어, 여론이라는 세 가지 주요 요소 간의 복잡한 관계에 기초하기 때문에, 일종의 정치 커뮤니케이션(political communication) 차원에서 바라보는 시각도 있다(Soroka, 2003).

국제커뮤니케이션 차원에서 공공외교는 미디어의 여론 형성에 대한 영향력이 국내뿐만 아니라 국제 차원에서도 작동한다는 데 주목한다. 특히 국제방송은 특정한 관점을 기반으로 한 정보와 이미지를 지속적으로 보도함으로써 해외의 여론 형성과 변화에 영향을 주고, 궁극적으로 타국의 정책 결정에도 영향을 미칠 수 있다는 점에서 중요하다. 초기 공공외교에서는 라디오 국제방송 중심의 미디어 공공외교가 적극 수행되었고, 2000년대 이후에는 TV 국제방송(international broadcasting)을 중심으로 미디어 공공외교(mediated public diplomacy)가 활발히 전개되고 있다. CNN 효과(CNN effect), 알자지라 효과(Al-Jazeera effect) 등의 논의들은 오늘날 해외 여론 형성에 작용하는 국제방송의 영향력을 잘 보여준다.●

● 1990년대 중반 발생한 소말리아 내전, 코소보 전쟁, 보스니아 전쟁의 참상에 대한 CNN의 실시간 보도는 유엔평화유지군과 나토군의 개입을 불러왔다. 전쟁을 중단시켜야 한다는 뉴스 미디어의 인도주의적 보도는 국제사회의 여론을 조성하면서 정책 당국에 압력으로 작용하여 미군 철수를 이끌기도 했다. 아랍권 시민혁명 '아랍의 봄'의 시작과 그 불씨는 페이스북, 트위터 같은 뉴미디어에 의해 시작되었지만, 30% 이하에 머문 인터넷 보급률과 네트워크 차단에도 불구하고 불길

글로벌 공공영역과 공공외교

네트워크 사회의 커뮤니케이션을 연구하는 마뉘엘 카스텔(Manuel Castells)은 국제 커뮤니케이션 영역에서 공공외교의 이론화를 시도한 대표적인 학자이다. 그에 따르면 국제적인 차원에서 공공영역이 존재하며 그러한 국제 공공영역은 국가, 네트워크로 연결된 시민사회 등 글로벌 거버넌스가 작동하는 영역이다. 그는 공공외교가 "연성권력의 형태로 국가나 사회 행위자의 힘을 행사하는 것이 아니라 의미와 이해를 공유하기 위해 서로 다른 사회집단과 문화들 사이에서 대화를 활용하는 것"이라 정의하고, 공공외교가 "다양한 자료, 서로 다른 가치, 그리고 간혹 이익의 모순에도 불구하고 다양한 목소리가 전달될 수 있는 공공영역을 구축한다"라고 그 기능을 설명한다(Castells, 2008: 91). 이와 같은 관점에서 공공외교는 "거버넌스에서 사용되는 커뮤니케이션 수단이며 공공외교의 성공은 시민사회와의 견고한 관계에 달려 있다"라고 할 수 있다(Gregory, 2008: 276). 글로벌 공공영역에서 글로벌 거버넌스의 탄생은 궁극적인 글로벌 커뮤니케이션의 목표이며 문화 간 커뮤니케이션의 목표이다. 새뮤얼 헌팅턴(Samuel Huntington)은 『문명의 충돌(Clash of Civilizations)』에서 탈냉전기에 국가 간 무력 충돌이 발생하는 것은 이념의 차이가 아니라 전통, 문화, 종교의 차이 때문이라고 설명하는데, 이는 사실상 문화 간 커뮤니케이션의 중요성을 역설한 것이라 할 수 있다. 이러한 측면에서 문명의 충돌, 문화의 혼종, 공존, 진화 등이 일어나는 세계 정치 속에서 글로벌 커뮤니케이션과 문화 간 커뮤니케이션의 윤리적 측면과 그 공공성은 상호이해와 평등한 관계 구축을 전제로 한다. 글로벌 지배가 아니라 글로벌 공공적 시민성 구축과 글로벌 거버넌스라는 목표 달성의 과정에 새로운 패러다임으로서 공공외교가 그 역할을 할 수 있다고 기대하는 것이다.

전략적 커뮤니케이션 차원에서 공공외교는 타국 국민에게 긍정적인 이미지를 심어주어 지지와 공감을 얻겠다는 명확한 목표를 세워 그것에 도달하기 위해 수립한 커뮤니케이션 전략을 중심으로 접근한다. 전략적 커뮤니케이션은 일반적으로 "어떤 조직이 조직의 임무를 수행

이 타오른 데는 알자지라 방송이라는 국제방송의 영향력이 컸다.

하기 위해 목적성을 가지고 커뮤니케이션하는 것"이라고 정의되는데, 실제로 공공외교에서 전략적이고 더 효율적인 커뮤니케이션 활동을 구성하기 위해 PR 전문가 등이 참여하기도 한다(Hallahan et al., 2007). 특히 9·11 테러사건 이후, 미국의 공공외교 실무자들 사이에서는 전략적 커뮤니케이션 차원에서 공공외교에 접근하는 시각이 확대되었다.

2. 공공외교의 진화

공공외교의 진화는 전통외교, 공공외교, 신공공외교라는 세 가지 외교 형태를 중심으로 외교의 주체, 대상, 수단, 관계라는 네 가지 요소를 비교함으로써 이해할 수 있다.

1) 전통외교 vs. 공공외교

전통외교와 공공외교 모두 주체는 자국 정부라는 점에서 크게 다르지 않다.[•] 하지만 전통외교는 외교의 대상이 타국 정부이지만, 공공외교는 타국 국민이 대상이라는 점에서 근본적인 차이가 있다. 공공외교의 목적은 타국 국민들이 자국에 대해 우호적 인식을 갖게 하여 타국 정부의 정책 결정이 자국의 이해관계에 부합하는 방향으로 이뤄

• 여기서 공공외교는 초기 공공외교를 의미하는 것으로, 이후 공공외교는 신공공외교 혹은 현대 공공외교로 진화하면서, 주체가 정부에서 정부 및 민간으로 확대된다.

표 1-1 전통외교, 공공외교, 신공공외교

	전통외교	공공외교	신공공외교
주체	자국 정부	정부	정부 및 민간
대상	타국 정부	민간	민간
수단	정부 공식 대화·협상	올드미디어	뉴미디어
관계	수평적	수직적·일방향적	수평적·양방향적

지도록 영향을 미치는 것이다. 이러한 의미에서 전통외교는 직접적인 영향력을 목표로 하지만, 공공외교는 간접적인 혹은 우회적인 영향력을 목표로 한다고 볼 수 있다.

전통외교는 그 대상이 타국 정부의 외교관들을 핵심으로 한 공무원들이기 때문에, 주로 정부 간의 공식적인 대화나 협상을 통해 외교 행위가 이뤄진다. 반면 공공외교는 정부 영역에 속해 있지 않은 민간을 대상으로 하는 만큼, 대중에게 직접 접근할 수 있는 라디오, TV 같은 올드미디어(old media)와 교육·문화·학술 분야의 교류 프로그램을 주요 수단으로 활용해 왔다. 특히 냉전시대에 올드미디어를 활용한 국제방송은 프로파간다와 공공외교의 경계에서 공공외교의 가장 중요한 수단으로 활용되었다.

전통외교는 주요한 수단이 정부 간 공식 대화나 협상이므로 주체와 대상의 관계가 원론적으로 수평적인 성격을 띤다. 국제정치 현실에서는 강대국과 약소국의 국력 차이 때문에 정부 간 공식 대화나 협상에서 실질적으로 협상력의 차이가 있을 수 있지만, 주권국가를 대표하는 정부로서 형식적으로는 수평적인 관계에서 커뮤니케이션이 이뤄질 수 있기 때문이다. 그러나 공공외교는 처음 태동하여 성장해 온

냉전시대에 주로 올드미디어를 활용하다 보니, 상대적으로 수직적이고 일방향적인 관계를 기반으로 한 커뮤니케이션이 이뤄져 왔다.

2) 공공외교 vs. 신공공외교

탈냉전이라는 세계질서의 구조적 변화와 과학기술 발전에 따른 미디어 생태계의 변화는 기존의 공공외교와 차별화된 이른바 신공공외교(new public diplomacy)를 등장시켰다. 신공공외교라는 개념은 얀 멜리센(Jan Melissen)에 의해 처음으로 정의된 이후 현재까지 여러 학자들의 후속 연구에 사용되면서, 다양한 국가에서의 적용 및 변용에 대한 연구들도 활발히 진행되었다(Melissen, 2005; Kim, 2012; Pamment, 2012; Simons, 2015). 신공공외교가 기존의 공공외교와 구분되는 근본적인 변별점은 크게 공공외교의 주체, 수단, 관계에서 찾아볼 수 있다.

신공공외교는 공공외교의 주체가 정부뿐만 아니라 민간으로 확대된다. 초기 공공외교는 전통적인 외교의 영향을 받아 정부행위자가, 그것도 중앙정부의 특정 부처가 이를 전담하는 경향이 있었다. 외교부는 전통외교의 연장선상에서 공공외교를 담당했다. 그러나 타국 대중을 대상으로 수행되는 공공외교의 특성상 민간행위자가 직간접적으로 관여하는 경우가 많았고, 이에 따라 NGO, 민간기업, 개인 등 다양한 민간행위자들이 공공외교의 주체로 부상하게 된다. 신공공외교에서는 국가행위자의 중요성이 상대적으로 감소하기는 했으나 여전히 그 핵심을 담당하면서, 정부행위자와 민간행위자가 함께 공공외교 거버넌스를 구축하는 방향으로 진화하고 있다.

신공공외교는 기존의 올드미디어와 달리 인터넷을 기반으로 한

홈페이지, 블로그, SNS와 같은 뉴미디어(new media) 등의 수단을 주로 활용한다. 2000년 이후 초고속인터넷의 보급과 2010년 이후 스마트폰의 대중화라는 정보통신 기술의 발전은 공공외교에도 새로운 지평을 열어주었다. 올드미디어에서 뉴미디어로 단순히 수단만 변화시킨 것이 아니라 공공외교의 영역과 대상을 폭발적으로 확장시켰다. 이는 전 세계 주요국 정부들이 공공외교를 더욱 주목하게 하는 하나의 배경이 되었으며, 오늘날 공공외교는 전통외교와 초기 공공외교적 수단을 넘어 인터넷에 기반을 둔 홈페이지, 동영상, SNS 등 확장된 가상세계로 그 영역을 빠르게 확대해 가고 있다.

신공공외교에서 주체와 대상의 관계는 정부행위자에서 민간행위자로 확대되는 주체의 변화에 따라, 그리고 주로 이용하는 수단의 변화에 따라 본질적인 변화를 겪게 된다. 초기 공공외교가 올드미디어를 주로 활용하면서 일방향적인 커뮤니케이션의 메시지 전달이 주를 이루고 있었다면, 신공공외교는 인터넷을 기반으로 한 뉴미디어의 비중이 높아지면서 점차 양방향적이고 수평적인 커뮤니케이션 비중이 증가했다. 또한 초기 공공외교에서는 정부행위자가 다른 나라의 민간행위자를 상대로 하는 수직적인 커뮤니케이션이 이뤄졌다면, 신공공외교는 민간행위자로 주체가 확대되면서 다른 민간행위자와 수평적인 관계에 기반을 둔 커뮤니케이션이 주로 이뤄진다.

3. 공공외교의 주체와 유형

1) 공공외교의 주체

외교는 전통적으로 정부행위자들이 배타적으로 담당하는 영역이었다. 중앙정부의 외교부 혹은 국무부와 같은 대외관계 업무를 전담하는 정부 부처와 외교관과 같은 전문화된 공무원들이 그러한 역할을 주도적으로 수행해 왔다. 그러나 오늘날 일반 외교 영역에서는 물론이고, 특히 공공외교에서는 다양한 정부행위자가 그 역할을 점진적으로 확대해 나가는 주체의 다변화가 일어나고 있다. 또한 정부행위자의 경우에도 과거에는 중앙정부가 사실상 혼자 독점하던 것과는 달리 오늘날에는 지방정부도 독자적인 공공외교 역량을 발휘하고 있으며, 중앙정부 내에서도 외교부뿐만 아니라 다른 부처들이나 산하 공공기관들이 그 역할을 담당하는 등 점차 다변화되는 추세이다.

한국의 경우에도 공공외교는 중앙정부 차원에서 외교부가 사실상 총괄하고 있지만, 문화체육관광부·교육부·통일부·농림축산식품부 등 다른 부처들도 문화공공외교·교육공공외교·통일공공외교·음식공공외교 등 특화된 분야에서 공공외교 정책을 수립·집행하고 있다(외교부 2017). 또한 공공외교의 정책 기획은 정부 부처가 주도하고, 실행은 한국국제교류재단과 같이 특화된 혹은 전문화된 공공기관이 담당하는 경우도 많다. 그리고 중앙정부와는 별도로 지방정부 차원에서도 서울시, 경기도 등 주요 지방자치단체들이 공공외교 정책을 수립·집행하고 있다.

공공외교에서 주체로 활약하는 민간행위자로는 민간기업, 비정부기

그림 1-1 전통외교의 주체

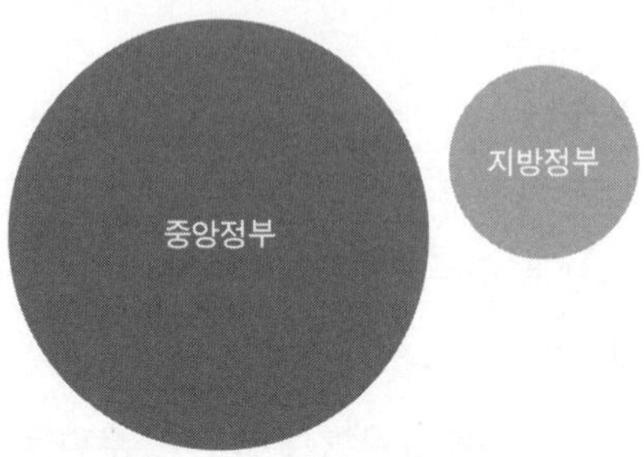

그림 1-2 공공외교의 주체

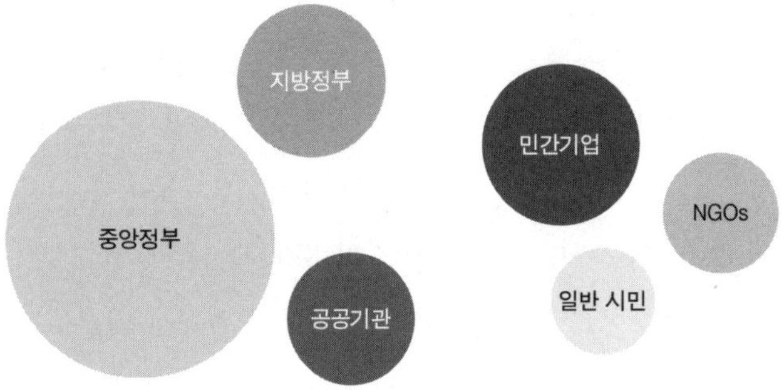

구(NGOs), 일반 시민이 있다. 민간기업은 국제정치와 국내정치에서 다양한 영향력을 미쳐왔음에도 불구하고, 특히 국제정치에서는 국가행위자의 우월성 때문에 주요 행위자로 인식되지 못하는 경향이 있었다. 그러나 해외에서의 기업 활동은 자국 이미지가 기업 이미지에 영향을 주기도 하고, 반대로 기업의 이미지가 자국 이미지에 영향을 주기도 하기 때문에 기업의 공공외교가 기업과 국가의 이해관계에서 중요한 의미를 갖게 되었다. 여기에 국제관계에서 정부행위자들의 역할을 보완해 왔던 NGO는 공공외교에서도 보완적 역할을 다양하게 수행하고 있으며, 세계화의 심화로 일반 시민들의 해외 교류가 늘어나고 정보통신의 발달로 인터넷과 SNS를 활용한 접촉면이 늘어나면서 일반 시민을 공공외교의 주체로 적극 인식하려는 흐름도 나타나고 있다.

2) 공공외교의 유형

공공외교의 학문적 논의가 정치학과 커뮤니케이션학 양 분야에서 발전해 온바, 오늘날 공공외교의 다양한 유형은 두 학문 분야에서의 공통적인 영역과 독자적인 영역으로 분류해 살펴볼 수 있다.

첫째, 정치학 및 커뮤니케이션학 양 분야에서 공히 발전해 온 공공외교의 영역이 있다. 문화, 음식, 교육, 언어, 스포츠, 관광 등이다. 공공외교 분야에서 가장 전통적인 영역이고 이론적 연구와 경험적 연구에서의 성과가 풍부하게 축적된 영역이다.

문화와 공공외교는 공공외교 분야 중에서 가장 많은 학술적 논의와 정책적 사례가 존재하는 영역이다. 문화는 상대국 대중에게 다가

그림 1-3 공공외교의 유형

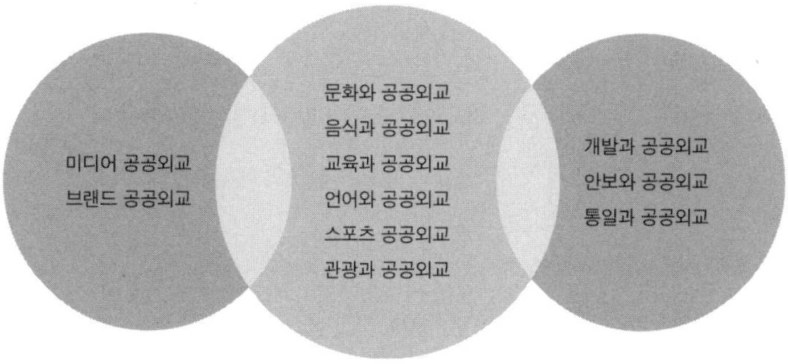

한국 정부의 공공외교 수행 체계

한국의 공공외교 수행 체계는 2016년 시행된 '공공외교법'에 따라 공공외교 통합조정기구로서 '공공외교위원회'를 설치하고, 2017년부터 매년 연례 회의를 개최해 한국의 공공외교 기본계획을 수립하고 평가하는 등 공공외교 정책 전반을 심의·조정하고 있다. 특히 중앙정부의 다양한 부처는 물론이고 지방정부도 공공외교 정책을 수립·시행하기 때문에 정부행위자 간 협력 방안을 모색하고, 유사하거나 중복된 정책이나 프로그램들을 조정하고, 모범사례를 공유하는 범정부 협력 체계를 구축하는 것이 공공외교위원회의 가장 큰 역할이다.

공공외교위원회는 총 20명으로 구성되는데, 위원장은 외교부 장관이 맡고, 공공외교와 관련된 14개 중앙정부 부처 소속 차관급 정부위원(기획재정부, 교육부, 과학기술정보통신부, 외교부, 통일부, 행정안전부, 문화체육관광부, 농림축산식품부, 국무조정실, 법무부, 국방부, 고용노동부, 여성가족부, 국가보훈처)과 5명의 민간 위원(학계 2명, 언론계·재계·문화예술계 각 1명)이 참석 대상이며 한국국제교류재단, 한국국제협력단(KOICA), 대한민국 시도지사협의회 등이 옵서버로 참석한다.

가기 용이하고 상호이해를 증진시키는 데 효과적인 수단으로, 이를 통해서 상대국 대중의 자국에 대한 우호적 인식을 증진시키는 데 기여해 왔다. 그래서 주요 선진국들은 이를 공공외교 차원에서 전략적으로 사용하거나, 혹은 의도하지 않았더라도 결과적으로 공공외교 차원에서 커다란 성과를 거두는 경우가 많다. 과거에는 가장 대표적인 사례로 냉전시대 할리우드 영화와 팝 음악 등 미국의 대중문화가 논의되었으나, 오늘날에는 케이팝(이하 K-pop), 케이무비(이하 K-movie) 등 한국의 대중문화도 문화와 공공외교에서 중요한 사례로 고려된다.

음식과 공공외교는 가장 쉽게 해외 대중의 일상에 녹아들어 그 국가에 대한 친밀도와 호감도에 영향을 주는 영역이다. 음식문화는 국가 이미지와 직결되는 경우가 많아 해당국 대표 음식에 대한 인지도나 접근성을 높이는 공공외교 활동이 필요하다. 이러한 맥락에서 일본이

주요 국가들의 공공외교 수행 체계

세계 주요 국가들의 공공외교 수행 체계를 비교연구적 관점에서 분류해 보면 주요 행위자들의 역할 및 관계를 기준으로 크게 정부주도형(미국, 일본, 중국, 프랑스), 민간주도형(영국), 관민혼합형(독일)으로 나누어볼 수 있다(김기정·최종건, 2012)

정부주도형은 "중앙정부가 공공외교를 종합적 국가전략의 수단으로 인식하고, 공공외교 전담 조직을 정부 부처에 구축하거나 대통령 또는 의회의 직속기구로 운영하는 형태"로, 정부 주도하에 "민간은 공공외교 수행에서 협조자, 보조자의 역할만 담당"한다.

민간주도형은 "민간이 공공외교의 중심 주체로, 그 수행에서 능동적이고 적극적인 역할을 수행하는 것"으로서, "정부의 역할은 포괄적인 공공외교의 방향성을 제시하는 것이고, 민간은 그 방향성에 맞게 활동 목표와 정책을 수립하고 집행과 수행평가를 책임 있게 집행"하는 형태이다.

관민혼합형은 공공외교 수행에서 "정부와 민간의 고유 영역, 활동의 독립성 및 자율성을 보장하는 것"으로서, "민간이 정책과 예산의 독립성과 활동의 자율성을 가지고, 정책 수립·집행·수행평가의 전 과정에 적극적으로 참여"하는 것을 제도적으로 보장하는 경우이다.

나 한국과 같은 비서구 국가들의 공공외교에서 음식문화를 매개로 한 공공외교는 그동안 활발히 전개되었고 적지 않은 성과를 거둔 것으로 평가된다. 특히 해외에 주재하는 자국의 문화원들을 중심으로 전개되는 시식 행사나 요리 강좌를 통해 경험을 한 후 자국에 대한 호감도가 올라간 경우가 많다는 인식 아래 음식을 매개로 한 다양한 공공외교 활동이 전개되고 있다.

교육과 공공외교는 학생들의 유학 교류, 전문가들의 인적 교류, 학자들의 학술 행사 등을 통해 전개되는 인적 및 지식 공공외교 영역을 의미한다. 이러한 교류를 촉진하기 위해 민간 재단이나 정부기관 차원에서 유학생과 해외 인사들을 국내로 초청하는 여러 프로그램을 운영한다. 이처럼 유학이나 교류를 위한 장·단기 체류는 그 나라에 대한 이해도와 친밀도를 높여 교류 프로그램 참가자들이 본국으로 귀국한 이후에도 지속적으로 해당 국가와 정서적 유대감 및 인적 교류의 끈을 이어가는 경우가 많다. 미국의 풀브라이트 프로그램(Fulbright Program)을 필두로, 영국이나 프랑스는 인적 교류를 위해 정부 및 민간 차원에서 다양한 프로그램을 운영해 왔다.

언어와 공공외교는 언어를 매개로 교육이나 문화로 파급되는 효과를 거둘 수 있으므로 서구 국가에서는 오래전부터 공공외교의 주요한 영역으로 발전시켜 왔다. 영국의 영국문화원(British Council), 프랑스의 알리앙스 프랑세즈(Alliance Française), 독일의 괴테 인스티튜트(Goethe Institut)는 대표적인 언어 공공외교 기관이다. 여기에 영국과 프랑스는 과거에 식민지였던 국가를 중심으로 영연방국가(the Commonwealth)와 프랑코포니(la Francophonie)라는 대륙과 국경을 초월하는 국제기구를 운영하고 있으며, 국제방송에서도 BBC 월드(BBC World)와 테베 생크 몽드(TV5 Monde)와 같은 언어 중심의 접근을 지속적으로 강화하면서 언어 공공외교 활동을 수행하고 있다.

둘째, 정치학 분야에서 차별화되어 발전해 온, 개발·안보·통일과 관련된 영역들이다. 이는 정치학의 학문적 정체성이 고유한 영역으로서 커뮤니케이션학에서는 다루지 않은 공공외교 영역이다.

개발과 공공외교는 지구촌의 빈곤과 불평등 문제, 기후변화 대응과 지속가능개발에 대한 국제사회에서의 다양한 협력과 관련해 개발협력과 공공외교가 접점을 이루는 지역에서 정부행위자가 수행하는 공공외교 영역이다. 특히 선진국들이 아닌 개발도상국에 대한 공공외교는 결과적으로 개발협력적 성격을 띠거나 사업 기획과 추진 과정에서 중복되는 경우가 많다. 이와 같은 이유로 개발도상국을 대상으로 하는 대외정책에서는 공공외교와 개발협력 사이에서 조율과 조정이 종종 필요하다. 이럴 경우 개발협력에 무게를 두고 공공외교를 수행할지, 아니면 공공외교라는 큰 틀에서 개발협력을 수행할지 논쟁 지점이 형성되기도 한다.

안보와 공공외교는 군사 공공외교라는 용어로 최근 들어 주목을 받기 시작한 영역이다. 군사적 수단·자원·인력이라는 것이 전투적 용도를 위해서뿐만 아니라 비전투적 용도로 활용되는 사례는 많다. 국제적으로 긴급재난 대처나 구호를 위해서 활용되고 평화유지활동(PKO: peacekeeping operations)을 목적으로 파견되는 비전투적 수요가 오늘날 국제사회에서는 상당하기 때문이다. 또한 전투군 파병의 경우에도 현지에서 이뤄지는 다양한 대민 봉사활동을 통해 자국에 대한 관심과 우호적 감정을 싹틔우는 경우가 있다. 따라서 군은 공공외교의 주요 주체로 부상할 잠재력이 있으며, 그 다양한 가능성에 대해 검토해 볼 필요가 있다.

통일과 공공외교는 남북분단이라는 역사적인 배경과 미국, 소련, 중국, 일본 4강과의 지정학적 현실에 기반을 둔, 한반도 평화와 번영을 위한 공공외교이다. 다른 나라의 사례나 경험에 비춰 길을 찾기보다는 우리나라의 특수성에 기반을 둔, 창의적 공공외교 차원에서의 노력이 필요한 영역이다. 이러한 통일 공공외교는 북한 주민들을 대상으로 하는 대북 통일 공공외교와 4강을 중심으로 한 주요국 국민을 대상으로 수행하는 대외 통일 공공외교로 나눌 수 있다. 대북 통일 공공외교의 경우는 그 구체적인 수단으로 문화 공공외교의 가능성을 지난 20여 년간 남북 관계에서 경험한 바 있다. 이뿐 아니라 대외 통일 공공외교의 대상국을 다변화하려는 노력이 최근 강조되고 있다.

셋째는 커뮤니케이션학 분야에서 차별화되어 발전해 온 공공외교의 영역으로, 미디어 연구, 브랜드 관리(brand management), 전략적 커뮤니케이션 등에서 독자적인 학술적 성과를 만들어왔다. 커뮤니케이션학의 학문적 특성상 경영학이나 사회학의 학문적 성과들과 연계되어 발전해 오기도 했다.

미디어 공공외교는 냉전시대 초기 공공외교부터 가장 많은 연구 성과가 나온 영역이다. TV나 라디오로 대표되는 올드미디어부터 인터넷, 소셜미디어와 같은 뉴미디어 등 정보통신 기술 발달에 따른 매체의 진화는 미디어 공공외교에서 커뮤니케이션을 본질적으로 변화시켰다. 이에 따라 오늘날 다양한 주체가 공공외교의 주역으로 등장할 수 있었고, 공공외교의 대상인 해외 대중에게 소구하는 방식들도 빠르게 진화하고 있다. 그럼에도 전통적인 국제방송은 그 중요성이 여전한데, 올드미디어와 뉴미디어를 동시에 활용하면서 언어·문화·교육 공공외교와 결합해 새로운 가능성을 열어가고 있다.

브랜드 공공외교는 자국에 대한 이미지나 정체성을 형성하는 데 영향을 주는 공공외교 영역으로서, 이와 관련해 장소 브랜딩(place branding)이나 국가 브랜딩(nation branding)에 대한 다양한 연구가 진행되어 왔다. 특히 장소 브랜딩의 경우 국가뿐만 아니라 지역이나 도시에도 초점을 맞춰 진행하기 때문에, 지방정부의 공공외교 수행을 위한 이론적·사례적 연구는 이 영역에서의 성과에 기대고 있는 경우가 많다. 브랜드 공공외교는 관광 공공외교와 사실상 중첩되어 이론적·사례적 연구를 공유하고 있다. 또한 해외에서의 국가 브랜딩은 자국 기업의 이미지와도 연관되기 때문에 민관 차원에서의 협력이 요구되고 있다.

참고문헌

김기정·최종건. 2012. 「한국 공공외교 수행 체계 연구 외교통상부 연구용역과제 보고서」.

신호창 외. 2017. 『공중관계 핸드북』. 커뮤니케이션북스.

외교부. 2017. '제1차 대한민국 공공외교 기본계획(2017~2021)'.

Académie de Droit International de la Hague. 1936. *Recueil des Cours, Collected Courses, Tome/Volume 55*. Leiden: Brill

Babel, Antony. 1963. *Mélanges D'histoire Économique et Sociale*. Geneva: Imprimerie de la Tribune de Genève

Basdevant, Jules. 1959. *Les Affaires Étrangères*. Aix-Marseille: Université d'Aix-Marseille

Cahier, Philippe. 1962. *Le Droit Diplomatique Contemporain*. Geneva: Librairie E. Droz

Castells, M. 2008. "The new public sphere: Global civil society, communication networks, and global governance." *The ANNALS of the American Academy of Political and Social Science*, 616(1), pp.78~93.

Crès, G. 1918. *États-Unis et France: Comment mieux nous unir aux États-Unis?* Paris: La Vie.

Cull, N. J. 2008. "Public diplomacy before Gullion: The evolution of a phrase." *Routledge Handbook of Public Diplomacy*. Abingdon: Routledge. pp.39~43.

Féraud, Francis-Vincent. 1961. *Le Monde a Besoin de L'Europe: Leçons d'hier et problèmes d'aujourd'hui*. Paris: Nouvelles Editions Latines

Gregory, B. 2008. "Public diplomacy: Sunrise of an academic field." *The ANNALS of the American Academy of Political and Social Science*, 616(1), pp.274~290.

Hallahan, Kirk, Derina Holtzhausen, Betteke van Ruler, Dejan Verčič and Krishnamurthy Sriramesh. 2007. "Defining strategic communication."

International Journal of Strategic Communication, 1(1), pp.3~35
Kim, T. 2012. "Paradigm shift in diplomacy: A conceptual model for Korea's 'New Public Diplomacy'." *Korea Observer*, 43(4), p.527.
Lequesne, C. 2013. "La diplomatie publique: un objet nouveau?" *Mondes, Les cahiers du Quai d'Orsay*, 11, pp.9~12.
Pamment, J. 2012. "What became of the new public diplomacy? Recent developments in British, US and Swedish public diplomacy policy and evaluation methods." *The Hague Journal of Diplomacy*, 7(3), pp.313~336.
Simons, G. 2015. "Taking the new public diplomacy online: Russia and China." *Place Branding and Public Diplomacy*, 11(2), pp.111~124.
Soroka, Stuart N. 2003. "Media, public opinion, and foreign policy." *Harvard International Journal of Press/Politics*, 8(1), pp.27~48.
Szilássy, Gyula. 1928. *Traité Pratique de Diplomatie Modern*. Paris: Payot.
Weiner, R. and P. Sharp. 2017. *Diplomacy and War*. Oxford Research Encyclopedia of International Studies. https://oxfordre.com/internationalstudies/view/10.1093/acrefore/9780190846626.001.0001/acrefore-9780190846626-e-156(검색일: 2020.2.16).
Wolper, G. 1993. "Wilsonian public diplomacy: The committee on public information in Spain." *Diplomatic History*, 17(1), pp.17~34.

2장

공공외교의 역사

1. 냉전시대 공공외교

공공외교는 냉전의 역사 속에서 태동해 발전해 왔다. 양차 세계대전 직후부터 서구(the West)는 소련의 프로파간다에 대한 대응이 필요했고, 이에 제2차 세계대전 당시 독일에 대한 프로파간다에 적극 활용해 왔던 국제방송에 주목하게 된다. 1942년에 독일어로 첫 방송을 시작했던 '미국의 소리(VOA: Voice of America)'는 냉전시대 미국 정부가 전 세계를 대상으로 운영한 가장 대표적인 국제방송이었는데, 1940년대 후반부터 VOA의 송출 언어 확대가 빠르게 이뤄져서 사실상 모든 대륙에 송출하는 국제방송으로 발전한다.

그리고 1949년에는 동유럽, 중앙아시아, 중동을 대상으로 하는 '라디오 자유유럽(RFE: Radio Free Europe)'이 개국하고, 1953년에는 소련을 대상으로 하는 '자유 라디오(Radio Liberty)'가 개국한다. 라디오 자유유럽이 동유럽 국가들에 반소비에트 저항과 민족주의 운동에 대한 내용을 송출하자 소련은 이를 차단하기 위해 전파방해를 실시하기도 했다(Granville, 2005). 미국은 소련의 전파방해에도 자유아시아방송(Free Asia Radio) 등 지역별로 특화된 국제방송망을 확충해 전 세계를 포괄하는 VOA와 함께 소련과의 프로파간다 경쟁에서 우위를 차지하게 된다.

소련의 프로파간다에 또 다른 프로파간다로 맞서던 미국이 이후 차별화된 공공외교를 전개하기 시작한 계기는 1953년 미국 아이젠하워 정부가 미국 공보처(United States Information Agency, 이하 USIA)를 설립하면서부터이다. 당시 USIA의 모토는 "미국의 이야기를 세계에 전달하는 것(Telling America's Story to the World)"이었는데, 전쟁 시기임에도 군사적 목적이 반영된 선동이나 선전을 넘어 이해와 공감을 이끌어 내는 공보 활동에 대한 의지가 담겨 있었다(Cull, 2009).

구체적으로 1940~1950년대부터 이미 존재했던 풀브라이트 프로그램이나 국제 방문자 리더십 프로그램(IVLP: International Visitor Leadership Program)과 같은 인적 교류 프로그램들을 적극 활용해 우방국 대중에게는 미국에 대한 호의적 인식을 높이고, 적대국 대중이 갖고 있는 미국에 대한 부정적 시각은 불식시키고자 했다. 미국은 이 프로그램들의 인적 교류 대상국을 1960~1970년대부터 본격적으로 늘리기 시작하고, 이를 위해서 이 프로그램들을 포함한 여러 인적 교류 프로그램들에 대한 재정적 지원을 국무부가 담당하게 된다(Bu, 1999).

1980년대 들어 미국의 영화, 음악, 스포츠 등 대중문화 상품이 전 세계로 보급되면서 미국의 우방국은 물론이고 적대국에서조차 일반 대중이 미국 문화상품을 선호하는 현상이 나타난다(Wagnleitner, 1994).

국제 방문자 리더십 프로그램

공공외교 차원에서 운영되는 국제 방문자 리더십 프로그램(IVLP: International Visitor Leadership Program)은 미 국무부에서 재정을 지원하는 인적 교류 프로그램으로서, 해외 국가들에서 잠재력 있는 리더들을 각국 미국 대사관에서 선발해 약 수 주간 미국 연수 프로그램에 참여시키는 것이다.

지난 80년 동안 매년 약 5000명씩 총 20만 명의 해외 리더들이 이 프로그램에 참여했으며, 그중 500여 명이 각국 정부 수반으로 활약했다. 영국의 토니 블레어 총리, 프랑스의 니콜라 사르코지 대통령 등 서구의 주요 인사들이 젊은 시절 이 프로그램에 참가했다.

한국에서도 주로 1960~1970년대에 여러 젊은 리더들이 이 프로그램에 참여했는데, 김영삼(1964), 김대중(1965) 전 대통령과 정일권(1971), 남덕우(1975) 전 총리를 비롯해 10여 명이 선발되었다.

(자료: IVLP)

이에 따라 냉전 초기 프로파간다를 위해 활용된 미국의 국제방송들이 미국 문화의 전달자로 거듭나면서 주요한 공공외교 수단이 된다. 군사력이나 경제력뿐만 아니라 문화를 통해서도 영향력을 발휘할 수 있다는 점은 프로파간다의 시대를 마감하고 공공외교의 시대를 본격적으로 열어주었다.

2. 탈냉전시대 공공외교

미국과 소련이라는 두 강대국을 중심으로 강력한 힘의 질서가 작동했던 냉전시대 국제질서가 해체되고 나서 중국이 본격적으로 부상해 G2 시대가 개막되기 전까지, 세계는 일시적으로 미국의 단극 시대와 마주하게 된다. 이와 같은 탈냉전시대를 기존 질서의 부재를 의미하는 양극의 해체로 소극적으로 해석할 수도 있지만, 다른 한편으로 여러 행위자가 새로이 부상하며 기존 질서를 변화시켜 새로운 질서를 만들어내던 시기로 적극적인 해석도 가능하다. 따라서 이 시기 공공외교에서의 변화를 소극적인 의미에서 해석하면 공공외교의 정체기라고 할 수 있지만, 반대로 적극적인 의미로 해석하면 공공외교에 새로운 행위자들이 부상한 시기로 정의할 수도 있다.

1) 공공외교에서 새로운 행위자들의 부상: 기업, 시민, 지방정부

탈냉전시대 공공외교의 특징 중 하나는 과거 각국의 중앙정부가 사실상 독점하던 공공외교의 행위자가 본격적으로 다변화되기 시작했다는 점이다. 이는 앞서 논의한 신공공외교의 등장과도 그 흐름을 같이하는데, 기존의 전통외교나 초기 공공외교는 정부행위자가 공공외교를 사실상 전담했지만, 탈냉전 이후 국제사회에서 민간행위자들의 영향력과 그 역할이 본격적으로 확대되면서 공공외교에서도 기업이나 시민과 같은 새로운 주체들이 부상한다. 또한 중앙정부가 아닌 지방정부들도 독자적인 공공외교의 주체로 급부상하기 시작한다.

전통적인 국제관계학 또는 국제정치학의 논의들에서 기업행위자는 일반적으로 정부행위자에 종속적이거나 의존적이라고 여겨지며, 그래서 로비 등을 통해 정부행위자에 영향을 주어 간접적으로 자신의 이익을 극대화하는 것으로 분석되기도 한다. 그러나 오늘날 기업행위자는 이전보다 더 다양한 국내외 정치의 영역들에서, 더 커진 영향력을 발휘하고 있다.* 그 결과, 공공외교 영역에서도 이제 기업 공공외교(이 책 13장 참조)라는 용어가 광범위하게 사용되는 등 기업이 공공외교의 주요 주체 중 하나로 부상하고 있다.

기업행위자와 함께 탈냉전 이후 공공외교 분야에서 부상하기 시작한 새로운 행위자는 일반 시민들이다. 평범한 일반 시민들이 공공외교의 주체로 활약하는 시민 공공외교(citizen public diplomacy)의 등장은 탈냉전, 세계화, 정보화의 복합적인 결과물이다. 탈냉전과 세계화는 일반 시민들의 국제교류와 해외 방문을 활성화했고, 인터넷과 정보통신의 발전은 미디어 콘텐츠의 생산과 소비를 대중화하며 근대적 시공간 개념을 바꾸었다. 이와 같은 변화로 일반 시민들이 해외에서 자국의 이미지나 인식에 미치는 영향력이 증가하고 이에 따라 새로운 공공외교 수행의 주체로서 주목받기 시작한다.

또한 전통적으로 외교는 중앙정부의 전유물로 여겨졌었지만, 탈냉전 이후 지방정부에 의해 준외교(paradiplomacy)가 활성화되기 시작하면서, 지방정부 공공외교(sub-state public diplomacy, 이 책 14장 참조)가 본격적으로 부상하기 시작한다. 지방정부 공공외교는 초창기에 주로 연방국가들에서 고도의 자치권을 가진 지방정부들을 중심으로 발전해오다가 오늘날에는 주요국들의 대도시로 확대되면서, 해외에서 자국은 물론이고 지역(혹은 도시)에 대해 긍정적인 이미지나 인식을 형성하

* 물론 현실주의적 시각(realist perspective)과 자유주의적 시각(liberal perspective)에 따라 기업행위자의 자율성에 대해 이견이 없는 것은 아니다. 현실주의적 시각에서는 기업행위자가 본질적으로 정부행위자에게 종속된다는 점을, 자유주의적 시각에서는 오늘날 기업행위자가 실질적으로 정부행위자로부터 상당한 자율성을 부여받는다는 점을 강조하는 경향이 있다.

는 데 영향을 주기 위해 다양한 공공외교 활동을 수행하고 있다.

2) 유럽의 공공외교에 대한 관심 증대

냉전시대에 미국과 함께 '서구'라는 공통의 정체성을 구성해 가며 국제사회에서 소련과 동유럽을 중심으로 한 공산 진영과 대척하던 (서)유럽 국가들은 냉전 종식 이후 국제사회에서 독자적인 역할과 의미를 찾기 위한 노력을 경주한다. 그러나 군사안보 측면에서 미국이 주도하는 북대서양조약기구(NATO: North Atlantic Treaty Organization)에 의존하는 유럽 국가들의 한계는 명확했다. 이에 유럽 국가들은 자신들의 강점인 경제·문화 외교를 중심으로 국제적 위상을 제고하고자 한다.

유럽의 공공외교는 유럽연합(European Union, 이하 EU) 차원의 공공외교와 개별 회원국 차원의 공공외교라는 두 개 층위가 각각 작동하며 빠르게 발전했다. 먼저 EU는 1993년 마스트리히트 조약(Treaty of Maastricht)을 통해서 공동외교안보정책(Common Foreign Security Policy, 이하 CFSP)을 수립하고 2009년 리스본 조약(Treaty of Lisbon)을 통해 EU의 공동외교안보정책을 총괄하는 대외관계청(European External Action Service, 이하 EEAS)을 신설한다.

현재 EU는 CFSP와 EEAS를 통해 공공외교를 본격적으로 펼치고 있다. 그중 가장 대표적인 프로그램이 유럽판 풀브라이트 프로그램이라 할 수 있는 에라스무스 문두스(Erasmus Mundus) 프로그램이다. 기존 EU 역내 교환학생 프로그램인 에라스무스 프로그램을 전 세계로 확대한 것인데, 이는 전 세계로부터 유능한 젊은이들과 학자들을 EU

로 초청해 학업·연구·인적 교류를 진행할 수 있도록 지원하는 프로그램이다. 그리고 이와 함께 전 세계 주요국 대학에 EU 센터(EU centres) 설립을 지원해 EU에 대한 교육·연구·학술 교류 등을 장려하고 있다.

EU 회원국 중에서는 전통적인 외교 강국 영국과 프랑스도 공공외교에 많은 관심과 노력을 기울이고 있다. 이 국가들은 문화 공공외교를 중심으로 진행하는데, 오랜 경험과 전통을 지닌 영국문화원과 프랑스문화원은 세계 주요 국가와 도시에서 두 국가의 문화 및 언어 공공외교 수행의 첨병 역할을 하고 있다. 영국의 셰브닝 장학금(Chevening Scholarship)과 프랑스의 파스칼 장학금(Bourse Blaise Pascal)은 양국의 대표적인 정부 장학금 프로그램으로, 교육 및 학술 공공외교를 담당하고 있다.

3. G2 시대 공공외교

1) 미국의 공공외교

1989년 베를린 장벽이 무너지고 현실 사회주의권이 붕괴한 이후 미국은 공공외교 관련 예산과 조직을 점차 줄여나갔다. 1953년 냉전 시대 소련의 프로파간다에 대응하는 기관으로 설립되어 이후 미국의 공공외교 전담 기관으로 진화했던 USIA는 1999년 정부 조직개편 과정에서 사라졌다(Dizard, 2004). USIA의 국제방송 관련 기능은 새로 만들어진 국무부 산하 방송위원회(BBG: Broadcasting Board of Governors)로 이관되었고, 인적 교류 등 비방송 분야 기능은 국무부에 신설된 공공외교 및 공보담당 차관직(Under Secretary for Public Diplomacy and Public Affairs)으로 이관되었다.

그러나 9·11 테러사건 이후 미국은 대외정책 전반을 재검토하기 시작한다. 미국에 대한 우호적인 이미지를 고양하고 반미정서에 효과적으로 대응할 전략적 접근의 필요성이 강력히 대두하면서 공공외교의 역할이 다시 강조되자, 공공외교 관련 조직을 재정비하고 관련 인력을 충원하기 시작한다. 특히 오바마 행정부 출범 이후 국무부의 역할이 커지고, 프로그램이 활성화되면서 관련 조직이 급성장했다. 디지털 아웃리치팀(DOT: digital outreach team)을 신설하여 인터넷 웹사이트를 통해 중동 지역과 적극적으로 소통에 나선 것은 상당한 호평을 받게 된다(Al-Rawi, 2020; Khatib, Dutton and Thelwall, 2012).

그러나 트럼프 행정부 출범 이후 오바마 행정부에서 방향성을 잡아가던 미국의 공공외교는 사실상 쇠퇴기에 접어든다. 트럼프 행정부는 오바마 행정부에서 부활했거나 신설한 공공외교 프로그램들을 대부분 폐기하고 국무부의 공공외교 기능을 대거 축소했으며, 디지털외교를 포함한 공공외교 예산도 줄였다. 그 대신 트럼프 대통령은 개인 트위터를 활용해 전 세계 대중과 직접 소통한다. 그럼에도 반세기 넘게 국무부 주도로 지속된 학술 및 인적 교류 프로그램으로 명색을 유지하고 있는 미국의 공공외교는 중국 공공외교의 부상 속에서 새로운 공공외교 전략 모색이 요구되고 있다.

2) 중국의 공공외교

(1) 톈안먼사건의 부정적 이미지와 중국위협론 불식을 위한 공공외교

중국이 공공외교의 필요성에 주목한 가장 중요한 계기는 우선 1989년 6월 일어난 톈안먼사건(天安門事件)으로 전 세계 국가들에서 중국에 대한 부정적 이미지가 확산되었기 때문이다. 톈안먼사건은 당시 개혁적 성향의 후야오방(胡耀邦) 중국공산당 총서기의 사망을 계기로 개혁과 개방을 주장하며 시위에 나섰던 대학생과 시민을 중국 정부가 유혈 진압해 수천 명의 사상자가 발생한 사건이다. 당시 천안문 광장에 탱크를 진입시켜 시위대를 진압하는 장면이 전 세계에 보도되면서 중국에 대한 부정적 이미지는 커질 수밖에 없었고, 국제사회는 중국에 대해 경재제재를 가하고 무기 금수 조치를 내렸다.

중국에 대한 국제사회의 부정적인 이미지가 회복되지 않은 상황에서, 세계는 냉전 이후 일시적인 단극시대를 지나 중국의 급속한 부상과 함께 이른바 G2 시대를 맞이하게 된다. 이에 따라 중국은 대외 이미지 개선에 더욱 적극적으로 나서게 된다. 먼저 공자학원을 전 세계에 세워 중국어와 중국 문화를 보급하는 데 주력했고, 중국국제텔레비전(CGTN: China Global Television Network)의 출범을 통해 국제방송 채널을 새롭게 재편했으며, 공산당 중앙의 대외선전판공실과 국무원 신문판공실을 중심으로 공공외교를 체계적으로 주도하고자 노력해 왔다.

중국의 대외정책 기조는 덩샤오핑(鄧小平) 주석 시기에 '빛을 감추고 힘을 기른다'는 도광양회(韜光養晦)에서 후진타오(胡錦濤) 주석 시기에 '평화롭게, 하지만 우뚝 일어선다'는 화평굴기(和平屈起)로 진화했

다. 그리고 국제정세의 변화에 따라 도광양회는 '필요한 역할은 한다'는 유소작위(有所作爲)로 변모했고, 화평굴기는 '거침없이 상대를 압박한다'는 돌돌핍인(咄咄逼人)으로 보완되었다. 이 중 후진타오 주석 시기부터 시진핑(習近平) 주석 시기까지 지속되는 화평굴기는 중국이 공공외교의 중요성을 인식하게 된 주요 배경이 된다.

(2) 일대일로 사업, 대아프리카 원조의 역풍

중국의 일대일로(一帶一路, One Belt and One Road) 사업은 그동안 서구의 개발협력 프로그램들의 성과보다 한계를 지적해 오던 여러 개발도상국들로부터 환영을 받았다. 무엇보다도 일대일로 사업의 대상이 된 개발도상국들은 서구의 기존 개발협력 프로그램들이 정부 중심적 접근을 통해 보여주었던 여러 한계가 중국의 시장 중심적 접근을 통해서 상당 부분 극복될 수 있으리라 기대했다. 담비사 모요(Dambisa Moyo) 등의 개발경제학자들은 일대일로 사업으로 대표되는 중국식 개발협력 모델을 호평하며, 이것이 서구식 개발협력 모델의 대체재가 될 수 있을 것이라고 주장했다(Moyo, 2009).

그러나 일대일로 사업이 본격적으로 추진되면서 이 사업에 적극적으로 참여 중인 여러 개발도상국들에서 경제주권 침해, 불공정 계약, 환경오염 등의 문제가 불거지면서, 정부 관료들뿐 아니라 일반 시민들 사이에서도 중국에 대한 반감이 높아지고 있다. 심지어 일부에서는 중국의 일대일로 사업을 신식민주의(new colonialism)로 칭하며 비판하는 목소리도 높아지고 있다.• 이처럼 일대일로 사업과 관련된

• 중국의 일대일로 사업에 대해 신식민주의라는 비판의 목소리는 서구의 주요 논

중국의 일대일로 사업

일대일로 사업은 2013년 9~10월 중앙아시아와 동남아시아를 순방하던 시진핑 주석이 처음으로 제안한 중국의 주요 대내외 전략 중 하나로, 중앙아시아와 유럽을 연결하는 육상 실크로드 일대(一帶, One Belt)와 동남아시와·유럽·아프리카를 연결하는 해상 실크로드 일로(一路, One Road) 건설을 통해 중국 주도의 대규모 경제벨트를 구축하려는 계획이다. 중국은 2014년 11월 아시아태평양경제협력체(APEC: Asia-Pacific Economic Cooperation) 정상회의에서 주요 국가 정상들에게 일대일로 사업을 공식 천명하고, 2015년 12월 이를 추진하기 위한 지역개발금융기구인 아시아인프라투자은행(AIIB: Asian Infrastructure Investment Bank)을 중국 주도로 설립한다.

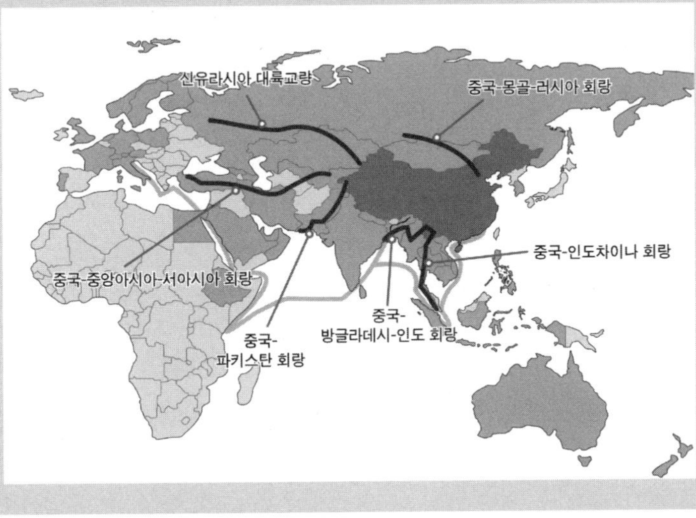

중국에 대한 부정적인 여론은 아프리카 국가들에서 시작되어 동남아시아 국가들로 확산되고 있다.

객과 언론에 의해 증폭되고 있다. https://foreignpolicy.com/2018/12/06/bri-china-belt-road-initiative-blunder/; https://www.ft.com/content/186743b8-bb25-11e8-94b2-17176fbf93f5.

이에 따라 중국 내에서 공공외교의 중요성이 다시 부각되고 있으며, 개발협력과 공공외교를 어떻게 결합할 것인가에 대한 고민이 커지고 있다. 그러나 정부 주도의 공공외교 모델은 중국 공공외교의 장점이자 단점으로 작용하고 있다. 중국의 공공외교는 다양한 활동 속에서 국가전략과 정부의 정책 방향에 부합하는 메시지를 일관되게 전달할 수 있었지만, 메시지의 일관성이 정부의 통제에 따른 획일성으로 여겨지기도 한다. 실제로도 중국의 공공외교는 양방향 커뮤니케이션보다 프로파간다에 가까운 일방향 커뮤니케이션이 많다는 것이 보완될 지점으로 지적되고 있다.

참고문헌

송태은. 2017.「미국 공공외교의 변화와 국제평판: 미국의 세계적 어젠더와 세계여론에 대한 인식」. ≪국제정치논총≫, 57(4), 163~198쪽.

Al-Rawi, A. 2020. "US public diplomacy in the Middle East and the Digital Outreach Team." *Place Branding and Public Diplomacy*, 16(1), pp.18~24.

Bu, L. 1999. "Educational exchange and cultural diplomacy in the Cold War." *Journal of American Studies*, 33(3), pp.393~415.

Cull, N. J. 2009. "The cold war and the United States information agency: American propaganda and public diplomacy, 1945~1989." *Naval War College Review*, 62(2), Article 14.

Dizard, W. P. 2004. *Inventing Public Diplomacy: The story of the US Information Agency*. Boulder: Lynne Rienner Publishers.

Granville, J. 2005. "'Caught with jam on our fingers': Radio Free Europe and the Hungarian Revolution of 1956." *Diplomatic History*, 29(5), pp.811~839.

Khatib, L., W. Dutton and M. Thelwall. 2012. "Public diplomacy 2.0: A case study of the US digital outreach team." *The Middle East Journal*, 66(3), pp.453~472.

Moyo, D. 2009. *Dead Aid: Why aid is not working and how there is a better way for Africa*. New York: Macmillan.

Osgood, K. A(ed.). 2010. *The United States and Public Diplomacy: New directions in cultural and international history*. Brill.

Wagnleitner, R. 1994. "American cultural diplomacy, Hollywood, and the cold war in central Europe." *Rethinking Marxism*, 7(1), pp.31~47.

3장

공공외교의 이론

1. 경성권력 vs. 연성권력

힘의 논리가 지배하던 냉전시대에 세계는 미소 양극으로 나뉘어 작동했고, 경성권력(hard power)은 국제질서의 핵심 기제로 여겨졌다. 경성권력이란 상대가 원하지 않더라도 권력의 주체가 원하는 방향으로 비자발적 행동을 하게 만들 수 있는 능력을 말한다. 경성권력은 일반적으로 군사력이나 경제력 등 물질적인 역량을 기반으로 한 강압 외교, 군사개입, 경제제재 등의 수단을 통해 발현된다. 이는 냉전시대의 국제질서 원리를 설명해 주는 핵심 용어인 동시에, 냉전시대 미국의 대외정책을 이해하기 위해서도 반드시 필요한 개념이다.

그러나 냉전이 끝나고 경성권력의 중요성이 과거에 비해 줄어들면서 새로운 논의들이 등장하기 시작한다. 2004년 조지프 나이(Joseph S. Nye)는 연성권력(soft power)이라는 개념을 통해 강제력보다는 매력

그림 3-1 경성권력(Hard power) vs. 연성권력(Soft power)

	Hard power	Soft power
Spectrum of Behaviors	Coercion Inducement Comand	agenda setting attraction Co-opt
Most Likely Resources	force payments sanctions bribes	institutions values culture policies

자료: Nye(2014).

에 의해, 그리고 명령이 아닌 상대의 동의에 의해 권력의 주체가 원하는 방향으로 자발적 행동을 하게 할 수 있는 능력을 제안한다. 연성권력은 가치·문화·제도 등 비물질적인 역량을 바탕으로 매력·호감·공감 등과 같은 수단을 통해 자발적 영향력이 작동하도록 하는 것이다.

공공외교에서 연성권력은 주로 문화를 매개로 작동한다. 문화는 정치·경제 영역보다 진입장벽이 낮아 외국의 대중에게 다가가기 수월하다. 문화를 통해 자국에 대해 외국의 대중이 친밀하고 우호적으로 인식하게 되면, 양국 관계 발전은 물론이고 상대국의 대외정책이 자국에 유리한 방향으로 결정되는 데도 영향을 미칠 수 있다. 한류(韓流)는 연성권력의 원천으로서 문화의 중요성을 가장 잘 보여주고 있는 사례이다. 한류를 통해서 여러 국가의 대중 사이에서 한국에 대한 인지도는 물론 호감도가 상승했고, 이는 양국 관계 발전은 물론 경제 및 정치적 협력에도 긍정적인 영향을 미치고 있다.

그러나 연성권력의 원천으로 문화적 역량을, 경성권력의 원천으로 군사적 역량을 각각 도식화해 적용하는 것은 적절치 않다. 경제적 역

누폴리틱

1999년 미국 RAND의 존 아퀼라(John Arquilla)와 데이비드 론펠트(David Ronfeldt)가 처음 사용한 누폴리틱(Noopolitik)은 지식이라는 의미의 그리스어 어원에서 고안한 개념으로 '네트워크에 기반한 지식의 지정학'을 의미한다. 국제정치에서 누폴리틱은 지식·사상·가치·규범·법·윤리를 강조하는 외교 행위로 이어지며, 이는 경성권력 중심적 접근과 유사한 현실정치(Realpolitik)와 대비되는 의미로 사용된다.

(자료: Arquilla and Ronfeldt, 1999)

량은 연성권력뿐 아니라 경성권력의 원천이 될 수도 있으며, 마찬가지로 군사력도 경성권력뿐 아니라 연성권력의 원천이 될 수 있기 때문이다. 연성권력과 경성권력은 두 개가 한 쌍을 이루어 구성되는 의미론적 이항대립과 잔여범주에 기반한 개념으로서, 이 둘 사이의 의미적 변별점은 자발성 대 강제성에 있다.

이후 나이는 경성권력과 연성권력이 조합된 스마트 파워(smart power)의 필요성으로 자신의 논의로 발전시킨다(Nye, 2013). 경성권력과 연성권력 중 어느 하나만으로는 부족하기 때문에 두 가지가 함께 병용되어야 한다는 것이다. 여기서 나이가 제안한 경성권력과 연성권력의 조합이 순차성(sequentiality)을 의미한다면 상황과 필요에 따라 전략적 유연함을 발휘할 수 있는 역량과 매력이 모두 필요하다는 의미일 수 있지만, 이것이 만약 동시성(concurrency)을 의미한다면 역량과 매력이 섞여 하나가 된 새로운 형태의 능력을 의미하는 것일 수도 있다.

사실 나이가 스마트 파워를 제안하기 이전부터 여러 학자들은 이와 유사한 문제의식을 가지고 여러 개념들을 제안해 왔다. 그중 가장 대표적인 논의는 코르브(Korb)와 부어스틴(Boorstin)이 제안한 통합권력(integrated power)이다(Korb and Boorstin, 2005). 이들은 나이가 제안한 연성권력과 경성권력이 당시 학계 일각에서 마치 상호 대체제로 인식되는 상황을 비판하면서, 실제 대외 정책 현실에서는 이 두 가지의 적절한 조합이 필요하다는 주장을 선도적으로 펼쳤다.

2. 문민권력 vs. 규범권력

경성권력과 연성권력에 대한 논의가 미국의 대외정책에 대한 역사적 경험과 학술적 성찰을 기반으로 탄생하고 발전한 것이라면, 문민권력(civilian power)과 규범권력(normative power)은 유럽의 대외정책에 대한 역사적 경험과 학술적 성찰을 기반으로 탄생하고 발전한 것이다. 1970년대 미국과 소련이라는 양극을 중심으로 하는 냉전이 지속되는 상황에서, 유럽의 국제정치학자들과 외교관들은 국제사회에서 유럽(Europe in the world)은 '어떤 의미가 있는 존재인지' 또는 '어떤 의미가 있는 존재이어야 할지'에 대한 고민을 거듭하고 있었다.

이때 프랑수아 뒤셴(François Duchêne)이 군사적 역량을 기반으로 영향력을 발휘해 국제사회에서 존재 의미를 가지는 미국이나 소련과는 달리 유럽은 비군사적인(non-military) 역량을 기반으로 국제사회에서 영향력을 발휘하는 존재로서 그 차별성을 강조하며 문민권력이라는 개념을 제안한다(Duchêne, 1972). 특히 유럽통합이 지속적으로 심화 및 확대되고 있던 상황에서 문민권력은 공동체를 구성하는 주요 국가들 간 공통의 정체성인 동시에, 유럽통합을 통해 공동체가 대외관계에서 지향하는 공동의 목표라는 두 가지 의미를 함께 내포

그림 3-2 군사권력(Military power) vs. 문민권력(Civilian power)

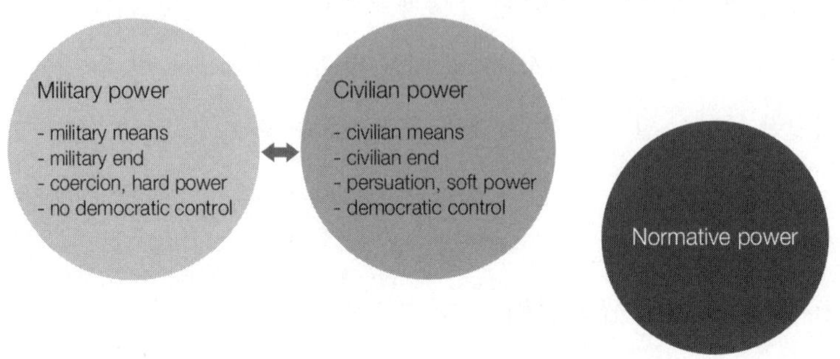

하는 것이었다.

이후 베를린장벽이 붕괴되고 냉전이 종식되면서 유럽 학계와 외교가를 중심으로 국제사회에서 유럽의 정체성이 무엇인지에 대한 고민이 다시 부상하게 된다. 1970~1980년대 논의되던 유럽의 문민권력은 냉전시대 미국과 소련의 군사권력(military power)에 차별화하는 개념이었기 때문에 탈냉전시대에는 그 적실성이 줄어들었다. 군사적 역량은 탈냉전시대에도 여전히 중요했지만, 미국을 비롯한 주요국들이 국제사회에서의 영향력을 더는 군사적 역량에만 의존하지 않으면서, 상대적으로 경제나 문화 등 비군사적인 역량의 중요성이 커진 것이다.

이런 가운데 1990년대 초반 미국 학계에서부터 사용되어 전 세계적으로 널리 소개되고 활용되어 온 연성권력은 유럽에게도 충분히 유용한 개념이었다. 그러나 일반성에 기반해서 국제정치 차원에서 유럽의 대외관계를 연구하는 북미권 학자들과 달리 상대적으로 특수성에 기반해서 유럽의 대외관계를 연구하는 학자들 사이에서 연성권력은 국제사회에서 유럽의 정체성을 설명하기에 충분한 개념이 아니라는

표 3-1 문민권력(Civilian power), 군사권력(Military power), 규범권력(Normative power)

	문민권력	군사권력	규범권력
카(Carr)	Economic	Military	Opinion
갈퉁(Galtung)	Remunerative	Punitive	Ideological
매너스(Manners)	Ability to use civilian instruments	Ability to use military instruments	Ability to shape conceptions of 'normal'

자료: Manners(2002).

공감대가 컸고, 이에 따라 1990년대 중반 이후 이에 대한 다양한 논의가 백가쟁명식으로 전개되었다.

이러한 과정에서 2000년대 초반 이언 매너스(Ian Manners)가 규범권력이라는 개념을 제안하고 이는 학계의 커다란 반향을 불러일으킨다(Manners, 2002). 그는 "국제사회에서 정상적인 것을 규정하는 능력(ability to shape what can be 'normal' in international life)"에 주목하면서 유럽이 국제사회에서 영향력을 발휘하는 차별화된 방식은 인권, 환경, 비확산 등과 같은 국제규범 형성 과정에 주도적으로 참여함으로써 그동안 유럽이 추구해 온 가치(value)와 생각(idea)이 새로운 규범과 제도에 반영되도록 하여 제3국들에 영향을 미쳐온 것에 주목한다.

영미권 학계에서는 공공외교를 연성권력에 연결해 설명하는 경우가 많지만 유럽대륙권 학계에서는 공공외교를 이와 같은 규범권력에 연결해 설명하려는 경향이 있다(Manners and Whitman, 2013). 국제정치에서 규범 형성을 통해, 혹은 규범 형성을 매개로 영향력을 발휘하는 것은 연성권력과 경성권력의 변별점인 강제력과 자발성을 넘어서는 문제일 수 있다. 국제사회가 공유하는 가치와 생각에 기반한 규범은

설사 그것이 강제적이어도 자발적으로 받아들일 수 있는 정당성과 연결되어 있기 때문이다.

이러한 의미에서 규범권력은 강대국보다는 중견국에 보다 더 적실한 개념이라고 할 수 있다. 규범권력은 군사력이나 경제력에 기초한 경성권력 보유 여부나 정도에 관계없이 국제사회에서 경성권력을 보유한 행위자들에게 영향력을 미칠 수 있기 때문이다. 하지만 다른 한편으로 이와 같은 규범권력이라는 개념이 서구가 아닌 비서구에는 적합하지 않은 개념이라는 한계가 지적되기도 한다. 규범권력을 구성하는 인권, 민주주의 등과 같은 서구 중심주의적 가치와 개념들이 비서구에서도 보편성을 갖는지에 대해 여전히 논쟁의 여지가 남아 있기 때문이다.

3. 투사형 공공외교 vs. 주창형 공공외교

경성권력과 연성권력, 문민권력과 규범권력이 국제정치와 유럽정치의 일반적인 논의를 공공외교에 투영시킨 것이라면, 투사형 공공외교(projection public diplomacy)와 주창형 공공외교(advocacy public diplomacy)는 공공외교에 대한 논의 과정에서 태동한 개념이다. 2016년 김태환은 주요국들의 최근 공공외교 추세 분석을 토대로 이 나라들이 최근 문화외교를 통해 긍정적인 국가 이미지를 투사하는 데 그치지 않고 자국이 처한 지정학 현실에 대한 냉철한 인식을 바탕으로 자신의 정체성을 적극 주창하려는 노력을 강화하고 있다고 주장한다(김태환, 2016).

그림 3-3 주창형 공공외교: 정체성과 외교정책, 공공외교의 인과관계

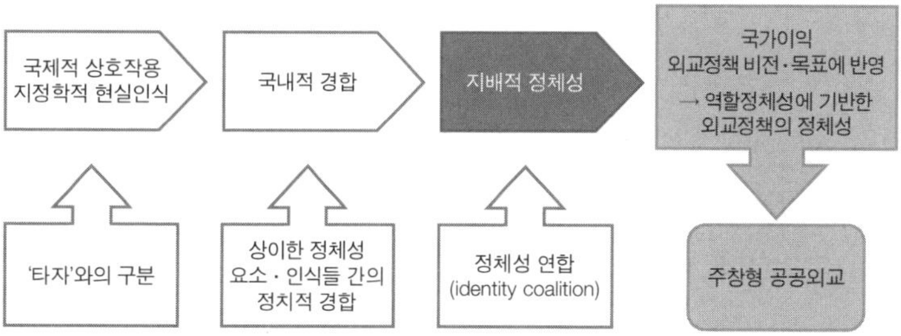

자료: 김태환(2016: 5).

대외정책의 수단으로서 공공외교 전략의 수립과 집행의 실질적인 핵심 과제 중 하나가 바로 '무엇을 보여줄 것인가'인데, 이를 투사(projection)와 주창(advocacy)이라는 두 가지 개념을 중심으로 유형화한 것이다. 이러한 맥락에서 투사형 공공외교는 "특정 국가나 민족의 문화·언어와 같은 본질적 속성, 국가 브랜드나 이미지 투사에 초점을 맞추는 것"으로서 문화외교가 그 중심이 되며, 주창형 공공외교는 "국제사회에서 국가가 정책을 통해서 추구하려는 가치·제도·아이디어 등 정체성의 구성적인 요소들을 설파하는 것"으로 정책 공공외교가 그 중심이 된다(김태환, 2016: 3~4).

이 중 주창형 공공외교는 국제정치학의 구성주의적 시각을 기반으로 간주관성(intersubjectivity)을 강조하는데, 이러한 맥락에서 공공외교는 "국가나 민족의 정체성을 대변하는 동시에 정체성을 구성하는 역할을 수행"하게 된다. 그리고 투사형 공공외교가 일방향적으로 단순히 국가 이미지를 투사하는 데 머물러왔다면, 주창형 공공외교는 "국제사회에서 특정 국가나 민족의 정체성의 의미를 대변하고 그 의

미에 대해 논쟁과 협상, 설득의 과정"을 거치는 양방향적 국제 커뮤니케이션 과정으로 정의될 수 있다(김태환, 2016: 3).

주창형 공공외교는 그동안 국제정치에서 논의되어 온 연성권력보다는 유럽정치에서 논의되어 온 규범권력에 대한 문제의식과 더 많은 접점을 가지고 있다. 규범권력과 주창형 공공외교는 모두 아이디어·가치·규범을 통해 국제사회에서 영향을 미치는 부분에 주목하며, 이러한 특성과 과정이 궁극적으로 정체성의 정치(politics of identity) 문제로 귀결된다는 점에 주목하고 있다. 또한 규범권력과 주창형 공공외교는 강대국뿐만 아니라 중견국에 특히 유의미한 대외정책 혹은 전략적 함의를 제공하고 있다. 한국이 세계질서 형성 과정에서 "선진국과 개도국의 입장을 중개하는 새로운 국제규범을 마련하는 데 일정한 역할을 담당"하는 것은 "중견국의 위치권력이나 중개권력이 공공외교 차원에서 발휘된 사례"로 볼 수 있다(김상배, 2013: 34).

참고문헌

김상배. 2013. 「중견국 공공외교의 이론: 매력과 네트워크의 시각」. 김상배·이승주·배영자 엮음. 『중견국의 공공외교』, 11~46쪽. 사회평론.

김태환. 2016. 「주변국 공공외교의 최근 추세 유형과 한국에 대한 함의」. 『주요국제문제 분석 2016-45』. 국립외교원 외교안보연구소

Arquilla, J., D. Ronfeldt, D. Barnes-Proby, E. Williams and J. Christian. 1999. *The Emergence of Noopolitik: Toward an American information strategy*. Rand Corporation.

Duchêne, F. 1972. "Europe's role in world peace." *Europe Tomorrow: Sixteen Europeans look ahead*, p.43.

Gilboa, E. 2008. "Searching for a theory of public diplomacy." *The Annals of the American Academy of Political and Social Science*, 616(1), pp.55~77.

Korb, L. and R. Boorstin. 2005. "Integrated power. A National Security Strategy For 21st Century." *The National Security Staff of the Center for American Progress*. Washington D.C.

Malone, G. D. 1985. "Managing public diplomacy." *Washington Quarterly*, 8(3), pp.199~213.

Manners, I. 2002. "Normative power Europe: a contradiction in terms?" *JCMS: Journal of Common Market Studies*, 40(2), pp.235~258.

Manners, I. and R. Whitman. 2013. "Normative power and the future of EU public diplomacy." *European Public Diplomacy*. London: Palgrave Macmillan. pp.183~203.

Nye Jr, J. S. 2004. *Soft Power: The Means to Success in World Politics*. Public affairs.

_____. 2013. "Hard, Soft, and Smart Power." in Andrew F. Cooper, Jorge Heine and Ramesh Thakur(eds.), *The Oxford Handbook of Modern Diplomacy*, pp.559~576. Oxford University Press.

Smith, K. E. 2000. "The end of civilian rower EU: A welcome demise or cause for corncern?" *The International Spectator*, 35(2), pp.11~28.

2부

공공외교와 문화, 언어, 교육

UNDERSTANDING
PUBLIC
DIPLOMACY

4장

문화 공공외교 1

1. 문화 공공외교의 개념

문화 공공외교(cultural public diplomacy)는 자국의 이익을 증진하기 위해 문화를 매개로 타국의 대중에게 자국에 대한 우호적 인식을 심어주는 일련의 활동을 의미한다. 문화는 오늘날 공공외교에서 타국 대중에게 자국을 알릴 수 있는 가장 중요한 수단이자 매개체로 여겨진다. 정치적 협상이나 경제적 거래와는 달리 문화적 교류는 주로 비공식적이고 일상적인 수준에서 자연스럽게 전개되는 장점이 있다. 예컨대 유튜브를 통해 케이팝 음악을 접하고 이를 좋아하게 된 외국인들이 한국 음식을 맛보고, 한국어를 배우고, 한국에 유학을 오는 등 자연스럽게 한국에 대한 우호적 인식을 다방면에서 키워가는 경우가 많다. 일본에서 방영된 한국 드라마 〈겨울연가〉의 인기로 일본 중년 여성 팬들이 드라마 촬영지로 여행을 오던 것과 같은 맥락이다. 이처럼 한

그림 4-1 공공외교의 커뮤니케이션 피라미드
(The Communications Pyramid of Public Diplomacy)

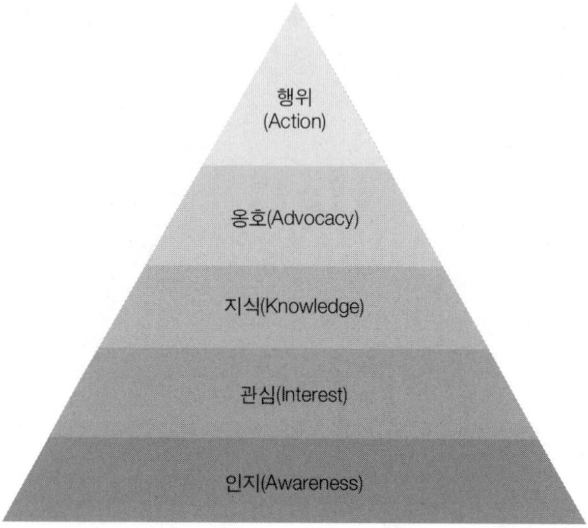

자료: McClellan(2004).

국에 대한 외국인의 관심과 호감은 결국 연성권력의 원천이 된다.

마이클 매클렐런(Michael McClellan)은 다른 나라로부터 지지를 얻고 최종적으로 상대국 국민들의 여론을 통해 협약이나 조약을 체결하거나 군사동맹을 맺는 구체적인 행위가 결과로 나타나기까지의 전략적 공공외교 커뮤니케이션 과정을 다섯 단계의 피라미드 모형으로 설명한다(McClellan, 2004). 모형의 첫 번째 단계는 인지(awareness), 두 번째 단계는 관심(interest), 세 번째 단계는 지식(knowledge), 네 번째 단계는 옹호(advocacy), 마지막 단계는 행위(action)이다. 매클렐런은 이를 각각의 단계로 진화할 수 있게 구성해야 하는 커뮤니케이션 전략이라고 설명하지만, 반드시 전략이 아니더라도 자연스럽게 이뤄질 수 있는 과정으로 이해할 수도 있다. 다시 말해 상대국에서 만든 영화 관람, 음악 감상, 방송 시청 등 아주 작고 일상적인 인지만으로도 그것이 어떻게 발전하느냐에 따라 옹호와 지지 행위로 나타날 수 있다는 것이다. 이러한 차원으로 볼 때, '인지' 단계에서 문화는 중요한 접촉 매개가 될 수 있다.

국제사회에서 이처럼 문화를 매개로 한 대중의 다양한 교류나 관계는 오래전부터 존재해 왔기 때문에 공공외교라는 개념이 태동하기 전부터 이와 유사한 몇 가지 개념이 사용되어 왔다. 문화외교(cultural diplomacy), 문화교류(cultural exchange), 문화관계(cultural relations) 등이 그것이다. 그중에서 문화외교는 사실상 문화 공공외교와 동일하거나 공공외교의 하위개념으로 사용되기도 하는데, "국익을 목표로 타국과 타국의 국민들을 대상으로 하여 문화를 내용과 수단으로 삼아 진행하는 일련의 외교적 활동"을 의미한다. 우리나라 외교부에서는 문화외교에 대해 "정부 혹은 정부기구로부터 위임을 받은 기관이 다른 나라의 정부와 국민을 대상으로 예술·지식·정보·언어 및 제도 등을 수단으로 하여 상호이해를 증진함으로써, 자국의 국가 이미지 제고 등 연성권력을 높이기 위한 제반 활동"(외교부, 2010: 10)이라고 정의하고 있다.

얀 멜리센(Jan Melissen)과 리처드 안트(Richard Arndt)는 문화외교를 문화교류 혹은 문화관계와 구분하면서 이것이 외교관의 활동인지, 국가의 이익을 직접적으로 추구하는지 등을 분류의 중요한 기준으로 여긴다. 안트는 문화외교를 공적인 외교관이 국익을 제고하기 위해 하는 행동으로 보아, 장기적으로 관계를 형성해 대중 간 문화를 상호 교류하는 문화교류와 구분한다(Arndt, 2005; Melissen, 2005). 그리고 컬

(Nicholas Cull)은 직접적으로 문화외교가 국가 이익을 목표로 한다고 언급하지는 않지만 문화외교를 청취(listening), 옹호(advocacy), 교류외교(exchange diplomacy), 국제방송(international news broadcasting)과 함께 공공외교의 한 부분으로 규정한다(Cull, 2008).

공공외교가 정부 중심으로 이루어져 주로 문화를 도구로 활용하던 과거에는 문화외교를 공공외교와 같은 의미로 사용하거나 문화외교와 공공외교를 교집합을 가진 병렬적인 관계로 바라보기도 했다. 그러나 오늘날 공공외교 활동과 그 방식이 정부는 물론 비정부기구, 민간, 개인들이 적극 참여하여 타국의 국민과 직접 소통하는 방식으로 확대·변화되면서, 이제 문화외교는 공공외교의 하위개념인 문화 공공외교로 볼 수 있게 되었다. 한편 밀턴 커밍스(Milton Cummings)는 문화외교를 "상호이해를 목적으로 여러 국가와 국민들 간에 아이디어, 정보, 예술 등을 다양한 문화적 측면에서 교환하는 것"으로 설명한다(Cummings, 2003: 1). 커밍스의 문화외교에 대한 정의는 앞서 국익 추구 여부라는 기준을 제시해 문화외교와 문화교류를 구분한 학자들이 있음에도 문화외교와 문화교류가 그 활동과 내용 면에서 구분하기 어렵다는 것을 짐작하게 한다.

일반적으로 문화교류는 지속가능한 관계를 장기적으로 형성함으로써 상호 신뢰와 이해를 구축하고, 상호 발전을 위해 대중 간에 교류하는 활동을 의미한다. 멜리센이나 안트는 문화교류, 문화관계, 문화외교, 문화 공공외교의 포함관계나 교집합 관계 등을 명시하지는 않았지만, 문화교류는 국익 도모를 명확히 하는 문화외교에 비해 상대적으로 넓은 의미로 사용될 수 있다. 김휘정(2012: 230)은 문화외교를 국제문화교류와 구분해 설명하는데, "문화외교는 국제문화교류에 비해 '결과적' 차원의 교류"에 초점을 맞추고 있으며 "국제문화교류는 개별자로서 국민 한 사람, 한 사람이 관계되면서 상호 문화적 감수성을 자극하고 문화 부문의 창의성을 풍부하게 하는 행위"라고 정의한다. 다시 말해, 문화외교에서 문화는 도구적인 의미를 가지며 최종적으로 활동의 결과가 중시되는 데 비해, 국제문화교류에서 문화는 수단이나 도구라기보다는 관계를 형성하는 커뮤니케이션의 하나로 이해된다고 주장한다(김휘정, 2012: 230). '문화교류'를 하나의 커뮤니케이션 행위로 보는 관점은 메트 렌딩(Mett Lending)에게서도 나타난다. 그는 "문화교류는 단순히 문화나 예술이 아니라 그 나라의 생각, 연구, 저널리즘, 국가적 논의를 커뮤니케이션하는 것"이라고 주장한다(Lending, 2000: 13~14; Melissen, 2005: 22 재인용).

멜리센은 문화관계가 21세기 신공공외교와 중첩되는 부분이 많다고 설명하면서 오늘날 문화관계가 인권 증진, 민주적 가치 확산과 같은 영역을 폭넓게 포함하고 있다고 말한다(Melissen, 2005). 특히, 과거의 일방적인 메시지 전달에 초점을 맞춘 문화관계와 달리 신뢰 구축을 위해 장기적인 상호관계 형성에 초점을 맞추는 오늘날의 문화관계는 프로파간다나 국가 브랜딩보다 공공외교와 맞닿은 부분이 더 크다고 설명한다. 그러면서도 초기의 공공외교가 아니라 신공공외교와의 유사성을 강조하는 것은 문화관계가 비정부기구, 민간단체, 개인 등에 의해 이뤄지는 데 초점을 맞추기 때문이다. 문화외교를 정부중심의 외교 활동으로 바라본다면, 궁극적으로 상호이해와 우호관계 형성에 초점을 맞추는 문화관계가 문화외교보다 연성권력 증진에 도움이 된다.

오늘날 공공외교의 한 영역으로 이해되는 문화 공공외교에서 강조되는 것은 상호이해와 평등한 관계 속에서 양방향성을 갖는 것이다. 많은 학자들은 자국 문화 중심으로 국익을 최우선 목표로 두면서 일방향적으로 메시지를 전달하는 문화 공공외교는 오히려 거부감을 불러일으켜 국가 간 갈등과 대립을 초래할 수 있다고 지적한다. 따라서 상호적인 교류에 의해 상대국 문화의 소개와 수입이 이뤄지면서 우리 문화를 이해시키는 것이 필요하다. 또한 최근 공공외교의 패러다임이 외교 주체 및 대상 측면에서 자국 정부 대 타국 국민에서 자국 국민 대 타국 국민으로 확장되고 있는 추세다. 이는 정부 중심의 일방향 혹은 하향식 전달이 아니라 수평적 교류의 확대를 의미하는데, 이러한 의미에서 문화 공공외교는 용어의 쓰임이 어떠하든 좁게는 국익을 위한 외교 활동인 동시에 넓게는 국익을 넘어 국제적 평화를 도모하는 문화 간 커뮤니케이션이라고도 이해할 수 있다(최지선, 2019).

2. 다양한 문화 공공외교

1) 대중문화와 문화 공공외교

오늘날 대중문화는 문화 공공외교의 주요 자원이 된다. 매스미디어는 물론 유튜브와 같은 디지털 플랫폼을 통해 다양한 대중문화가 국경을 자유롭게 넘나들고 있다. 이러한 대중문화를 통해 문화 공공외교를 수행하고 연성권력 증진에 영향을 미친 가장 대표적인 사례 중 하나가 한류(Korean wave)이다. 1990년대 후반부터 가시화된 한류 현상은 처음에는 드라마·대중음악·영화 등 대중문화 콘텐츠에서부터 시작되어, 최근에는 게임·패션·음식·한글 등 더욱 광범위한 한국 문화의 해외 진출로 확산되고 있다. 지역적으로도 초기 아시아 지역에서 시작해 중동, 라틴아메리카, 북미, 서유럽으로 확산되어 왔다. 이러한 한류에 앞서 미국의 할리우드 영화, '미드'로 대변되는 미국의 시즌제 텔레비전 드라마, 미국의 팝음악이 전 세계에 유행했었고, 문화 강국으로 일컬어지는 프랑스조차 미국 대중문화의 확산을 두려워할 만큼 그 위력을 떨쳤다. 또한 일본의 게임, 만가(manga), 제이팝(J-pop) 등도 대중문화 콘텐츠로서 문화 공공외교에 기여해 왔다.

물론 대중문화가 단순히 문화 공공외교의 영역에 속하는 것만은 아니다. 오늘날 문화교류의 중요한 자원으로서 외교적 영역에 속하는 동시에 경제적·산업적 영역이자 한 사회의 가치와 세계관이 반영된 문화 영역의 교집합에 자리 잡은 복잡하고 중층적인 접근이 필요한 부문이다. 특히 오늘날 문화산업으로서의 대중문화는 대부분의 선진국들에서 높은 성장률을 보이는 산업 분야로서 신성장동력으로 여겨지고 있으며, 산업정책적으로 세금 혜택, 수출 지원 등 다양한 지원도 이뤄진다. 또, 대중문화는 문화교류나 문화외교 차원에서도 활용되고 있다. 한국 정부에서도 한류에 대한 정책이 국정운영 5개년 계획에 포함된 주요 정책으로서 자리 잡고 있으며, 특히 문화 공공외교적 측면이 부각되며 일방향적인 한류 확산보다 쌍방향적인 문화교류를 전면에 내세워 한류를 경험하는 나라에서 긍정적으로 받아들이도록 '착한 한류' 만들기에 중점을 두고 있다.

2) 한류와 문화 공공외교

1990년대 중국, 일본, 동남아시아 지역을 중심으로 한류문화가 태동하고 성장할 수 있었던 것은 1980년대 말 민주화와 경제성장 등으로 한국 대중문화가 급성장한 것이 배경이 되었다. 또, 냉전 종식으로 구공산권 국가들과 수교를 맺게 되면서 같은 유교 및 한자 문화권이라는 문화적 동질성을 가지고 있는 중국으로 한국의 대중문화 콘텐츠 수출이 가능하게 된 것도 중요한 계기가 되었다. 1992년 한중 수교 이후, 1993년 드라마 〈질투〉가 중국으로 처음 수출되고 뒤이어 〈사랑이 뭐길래〉가 중국에서 폭발적인 인기를 얻으면서 동아시아를 중심으로 한류가 시작되었다. 그 후 2003년 드라마〈겨울연가〉로 일본에서 '욘사마' 열풍이 일어나면서 이후 〈대장금〉, 〈별에서 온 그대〉 등 한국 드라마에 대한 인기가 꾸준히 높아졌고, 지역적 범위도 동아시아를 넘어 확대되었다.

본격적으로 한류가 도약한 계기는 유튜브에서 싸이의 「강남 스타일」이 기록적인 조회수를 기록한 것이었다. 물론 싸이 이전에 중국과 일본을 중심으로 케이팝이 인기를 얻기도 했지만 전 세계적인 관심을 받은 것은 결국 유튜브라는 디지털 플랫폼 덕분이었다고 할 수 있다. 이러한 한류는 2010년 이후 전통문화, 문화예술, 대중문화, 음식, 패션과 뷰티에 이르기까지 한국의 전체 문화로 확대되고 그 분야도 다양화되고 있으며, 그 대상 국가나 지리적 범위는 이제 전 세계로 확장되고 있다. 한국국제문화교류진흥원이 발간한 「2018 한류 파급효과 연구」에 따르면 한류는 상당한 경제적 효과를 낸 것으로 파악된다. 2018년 문화콘텐츠 총수출액은 73억 5000만 달러를 기록했고, 소비재

표 4-1 2018년 한류의 직접 수출액 및 간접 수출액

		2015	2016	2017	2018	2018년 증가율(%)
소비재 및 관광 수출액	식료품	4,199	4,476	4,782	4,785	0.1
	화장품	3,001	4,233	5,007	6,324	26.3
	의류	1,932	2,042	2,015	2,097	4.0
	액세서리	410	1,000	2,376	914	-61.6
	가전제품	12,475	11,343	8,830	7,217	-18.3
	휴대전화	10,383	8,157	6,972	6,121	-12.2
	자동차	41,752	37,181	38,410	37,157	-3.3
	관광	15,092	17,088	13,322	15,792	18.5
	합계	89,262	85,520	81,715	80,406	-1.6
한류로 인한 소비재 및 관광수출액	식료품	789	783	770	770	0.1
	화장품	552	673	801	1,012	26.3
	의류	286	312	310	323	4.0
	액세서리	53	128	326	125	-61.6
	가전제품	434	374	389	318	-18.3
	휴대전화	305	400	404	355	-12.2
	자동차	783	446	653	632	-3.3
	관광	1,162	1,350	1,425	1,516	6.4
	합계	4,363	4,467	5,078	5,051	-0.5

		2015	2016	2017	2018	2018년 증가율(%)
문화콘텐츠 상품 수출액	방송	320	411	493	463	-6.1
	음악	381	443	455	475	4.4
	영화	29	44	41	100	163.9
	애니메이션	127	136	146	125	-14.4
	캐릭터	551	613	649	694	6.9
	게임	3,215	3,277	3,906	5,233	34.0
	출판	223	187	221	217	-1.6
	만화	29	32	38	45	18.4
	합계	4,876	5,143	5,949	7,352	23.6
		2015	2016	2017	2018	2018년 증가율(%)
한류로 인한 문화콘텐츠 상품 수출액	방송	299	366	439	413	-6.1
	음악	347	401	413	431	4.4
	영화	23	31	29	71	143.9
	애니메이션	54	59	64	54	-14.4
	캐릭터	236	266	282	301	6.9
	게임	1,691	1,917	2,285	3,061	34.0
	출판	85	66	78	77	-1.6
	만화	11	11	13	16	18.4
	합계	2,745	3,119	3,603	4,425	22.8

주: 2018년 수치는 작성 시점 추정 수치이다.
자료: 한국국제문화교류진흥원(2018a).

외교부의 한류 공공외교

한국에 대한 이미지 변화와 한국 대중문화 경험의 상관관계는 한류로 대변되는 한국의 대중문화가 국가 이미지 제고에 기여했으며 문화 공공외교의 중요한 자원이 된다는 것을 보여준다. 이러한 차원에서 외교부는 한류 공공외교를 위해 다음과 같은 활동을 추진 중이다.

첫째, 국가별 한류 현황을 연구·조사하는 사업으로서, 외교부는 매년 전 재외공관을 대상으로 국가별 한류 현황을 조사하여 한국국제교류재단으로 하여금 『지구촌 한류 현황』이라는 책자를 발간하게 한다. 여기에는 각국 내 한류 분야별 현황, 한류 상륙 시기, 한류의 파급효과, 한류 동호회 현황 및 회원 수, 각국별 문화적 특성 및 문화교류 시 주의해야 할 점 등을 포함하고 있다.

둘째, 외교부는 '친한 외국인 기반 구축 사업'을 통해 각국 한류·한국문화 동호회, 태권도 협회·동호회, 한국 유학 또는 근무 유경험자 단체 등의 자발적인 한국·한국문화 홍보행사를 지원함으로써 한류의 전방위적 확산을 도모하고 한국에 대한 우호적 여론을 형성하기 위해 노력하고 있다. 특히 한류 미성숙 지역과 문화원 비소재지 등 공공외교 추진 환경 열악 지역을 위주로 사업을 시행하고 있으며, 민간 영역에서 지원하기 어려운 한류 동호회의 순수 문화행사를 간접적으로 지원함으로써 전 세계 930만 한류 동호회원이 자국민을 대상으로 자연스럽게 한류를 전파해 나갈 수 있도록 지원한다.

셋째, 한류 확산을 위해 관계 부처, 지자체, 준정부기관, 방송국, 콘텐츠 제작사·배급사 등과 협력해 우리 문화 콘텐츠의 해외 진출을 지원하는 협력사업을 진행한다. 외교부는 문화체육관광부, KBS, 창원시와 함께 전 세계 한류 팬이 참여하는 케이팝 경연대회인 케이팝 월드 페스티벌(K-Pop World Festival)을, 그리고 농림부, MBC, 전주시와 함께 한식 확산을 위한 케이푸드 페스티벌(K-Food Festival)을 개최한 바 있다. 또, 외국인을 대상으로 해외문화홍보원과 함께 '글로벌 콘텐츠 공모전', KBS와 함께 '한국 관련 퀴즈 대회'를 개최하는 등 다양한 협력사업을 진행한다.

넷째, 외교부는 영화진흥위원회, 국제교류재단 등과 긴밀히 협력해 '재외공관 한국영화 상영행사' 및 '한국 드라마 해외 보급사업'을 시행하고 있다. 이를 통해 우리 영상 콘텐츠의 해외수출 기반을 확대하고, 현지인들에게 한국에 대한 이해를 제고할 수 있는 기회를 제공함으로써 '매력한국' 이미지를 제고하는 데 기여하고 있다.

(자료: 외교부)

그림 4-2 한국 대중문화 경험이 바꾸어 놓은 한국에 대한 인식변화

11. 한국 대중문화 경험 이후 한국에 대한 인식 변화

한국의 콘텐츠를 경험한 이후 한국에 대한 인식이 긍정적으로 변했다고 응답한 비율은 60.4%였다. 인도, 브라질, 태국, 인도네시아 등에서 한류콘텐츠를 접한 후 한국에 대한 인식이 긍정적으로 변화했다는 응답률이 70% 이상이었던 데에 반해, 일본에서는 26.8%로 매우 낮게 나타났다.

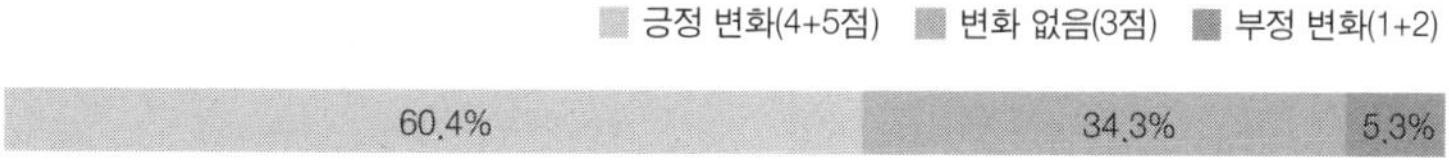

자료: 한국국제문화교류진흥원(2018a).

그림 4-3 한국 연상 이미지 조사

1. 한국 연상 이미지

K-Pop 〉 북한 〉 IT산업 〉 한식

한국하면 떠오르는 이미지 1위는 'K-Pop(16.6%)'이었다. 지난 6차 조사에서 응답 비율이 크게 감소했던 'K-Pop'이 다시 1위로 상승하였으며, 그 외의 연상 이미지들은 모두 10% 이하로 나타났다.

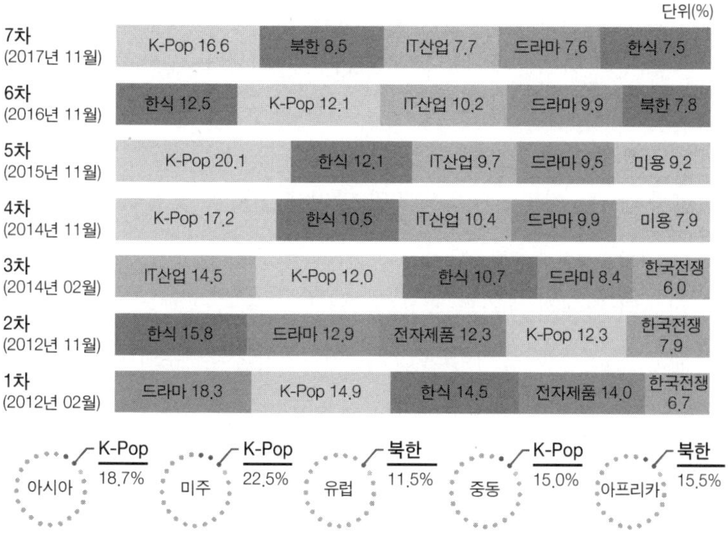

자료: 한국국제문화교류진흥원(2018a).

한국콘텐츠진흥원

한국콘텐츠진흥원은 콘텐츠 전 분야를 아우르는 총괄 진흥 기관으로서 콘텐츠산업 육성을 위한 종합 지원 체제를 구축하여 콘텐츠 강국 실현을 위해 2009년 5월 17일 설립된 문화체육관광부 산하 특수법인이며, 위탁집행형 준정부기관이다. 공공외교와 관련해 신한류, 글로벌 한류의 지속가능한 도약을 위한 신한류 전략 및 추진 기구 마련, 글로벌 시장을 겨냥한 콘텐츠 개발과 비즈니스 역량 강화 사업을 추진하고 있다.

한국국제문화교류진흥원

한국국제문화교류진흥원은 다양한 문화산업 국제교류를 통해 각국 문화에 대한 올바른 인식과 이해를 도모하고, 상호협력을 위한 민간교류 창구로서의 역할을 수행하는 재단법인이다. 주무 부처는 문화체육관광부이다. 한국국제문화교류진흥원은 문화산업 현황 파악을 위한 조사·연구 사업부터 해외 현지 한류 팬들을 위한 문화행사 개최, 저개발국 지원을 위한 공익사업까지 다양한 활동을 추진한다. 또, 한류 지수 개발, 한류문화 정보시스템 운영, 한류 포럼 및 세미나 개최, 아시아 드라마 컨퍼런스, 한류 기획단 운영, 세계 문화교류 행사, 재한 외국인 유학생 및 다문화 청소년을 위한 한국 문화 체험 기회 지원, 해외 한류 커뮤니티 지원, 세계 영상물 교류사업 등 공공외교의 틀 안에서 문화교류에 앞장서고 있다.

및 관광 총수출액도 804억 1000만 달러에 이르는 것으로 조사되었다(한국국제문화교류진흥원, 2018a).

한류의 경제적 효과도 중요하지만 그만큼 중요한 것은 국가 이미지 제고, 연성권력 증진이라 할 수 있다. 한국국제문화교류진흥원의 조사에 따르면 한국의 대중문화 콘텐츠를 경험한 이후 한국에 대한 인식이 긍정적으로 변했다고 응답한 비율이 60.4%였다. 한국은 남북분단이라는 정치적 상황이 주된 부정적 인식의 원인이 되는데, 한국의 대중문화가 한국하면 떠오르는 이미지를 한반도 위기와 맞물린 '북한'에서 '케이팝'으로 바꾸어놓은 것은 매우 의미 있는 결과라 할 수 있다

(한국국제문화교류진흥원, 2018b)

3) 음식과 문화 공공외교

음식외교(culinary diplomacy, food diplomacy, gastrodiplomacy)는 "상호 교류와 협력을 위해 상호 문화 이해의 수단으로 음식을 활용하는 것"을 의미한다(Chapple-Sokol, 2013: 161). 음식은 오래전부터 전통외교에서 중요한 역할을 해왔고, 최근 들어 문화 공공외교 측면에서도 그 중요성이 주목받고 있다. 전통외교에서 국가 정상들 간의 만남이나 주요 인사들과의 만찬에 곁들여지는 음식은 많은 의미를 담아 전달하고 음식을 매개로 소통하는 성격을 지니고 있었다. 예를 들어 정상회담 만찬 음식에 양국의 재료를 사용해 화합을 의미한다거나, 상대국에 대한 존중의 의미를 담아내기도 한다. 남북 정상회담 만찬 자리에서 어떠한 음식과 술이 준비되었는지는 주요한 관심거리 중 하나였다. 학계에서는 외교 무대에서 음식이 상대 측 의사결정에 어떠한 영향을 미치는지에 대한 연구가 이루어지기도 했다(Spence, 2016).

음식은 특정한 나라를 연상시키는 강력한 점화효과(priming effect)를 갖는 문화적 요소이다(Rockower, 2012). 음식은 한 나라의 상징이 되기도 하면서 그 나라에 대한 이미지를 구성하는 중요한 요소이기도 하다. 피자와 스파게티는 이탈리아를 떠올리게 하고, 햄버거는 미국, 크루아상과 바게트는 프랑스, 맥주와 소시지는 독일을 즉각적으로 연상하게 된다. 음식은 한 사회의 역사와 전통, 예절과 같은 규범·가치관·세계관 등이 모두 반영된 문화의 한 영역이다. 가령 불교에서 육식을 하지 않는 것은 '살생'을 하지 않겠다는 의미가 담겨 있다. 어떤 종류의 식문화가 발전했는지, 어떤 방식으로 음식을 차려내고 어떤 예의를 갖춰 식사를 하는지 등은 자국민에게는 일상적인 일이지만 외국의 국민들에게는 매력적인 요소로 다가갈 수 있다.

음식은 문화 공공외교의 핵심적인 수단으로 활용되어 해외 대중들에게 한국에 대한 매력과 우호적인 인식을 증대시켜 줄 수 있는 여지가 매우 크다. 실제로 귀네스 펠트로(Gwyneth K. Paltrow)와 같은 외국의 유명인들이 한국의 채식 중심 식문화를 먼저 인정하고 이를 유튜브에 업로드하면서 음식 한류가 자연스럽게 확장된 바 있으며, 칸영화제 황금종려상과 아카데미 최우수 작품상을 수상한 한국 영화 〈기생충〉에 나왔던 짜파구리라는 음식은 전 세계 영화 관람객들로부터 인기를 얻으면서 해외에서 관련 상품의 판매가 폭발적으로 증가하기도 했다. 이러한 사례들은 음식 공공외교야말로 민간 영역에서 자연스러운 접촉과 상호 교류로 커다란 효과를 얻을 수 있는 영역임을 보여준 것이라고 할 수 있다.

이러한 맥락에서 우리나라는 음식을 통한 공공외교의 중요성을 인식하고, 음식 한류를 통해서 이를 공공외교에 적극적으로 활용하려 노력해 왔다. 2019년 한식진흥원은 '한·폴란드 음식문화 교류전'을 추진하기도 했다. 한국과 폴란드 셰프가 참석해 한국, 폴란드의 전통 '집밥'에 대해 이야기를 나누고 두 나라의 전통 다과를 맛보는 행사였다. 또, 가을에는 추석을 맞이하여 외국인들이 참여할 수 있는 한국의 '송편 쿠킹 클래스'를 개최해 음식문화와 함께 한국의 전통 명절문화와 그 속에 담긴 조상과 하늘에 감사하는 마음, 나눔의 가치 등을 알리기도 했다. 그런데 음식 공공외교는 문화상대주의적 접근이 중요한 분야이기 때문에 이 점에 특히 유의할 필요가 있다. 자신의 문화권에서

한식진흥원

한식진흥원은 2010년 한식 및 한식산업의 진흥을 목적으로 설립된 농림축산식품부 산하의 공공기관이다. 한식진흥원은 한식의 역사성, 문화성을 중심으로 그 원형을 발굴, 복원, 유지, 발전시키는 역할을 하는 동시에 한식을 해외 주요 국가에서 매력적이고 우수한 제품으로 인식될 수 있도록 홍보하는 활동들을 진행 중이다. 아울러 한식의 해외 확산 및 인식 제고를 바탕으로 세계 시장에서의 한식당 위상을 높이고 한식 제품의 경쟁력을 확보하며, 산업화 기반을 마련하는 한식 산업 진흥에도 앞장서고 있다. 한식 소개, 한식 레시피 및 요리 동영상, 한식 콘텐츠 목록, 연구 자료 등을 제공하는 온라인 홍보 체계 구축, 음식관광 산업화 지원, 한식 관련 국제교류 활성화, 한식 문화관과 같은 한식 체험 인프라 확충 등의 활동을 통해 한식을 통한 공공외교에 힘쓰고 있다.

먹지 않는 식재료를 사용하여 음식을 만들 수도 있는데 '다름'이 '이상함'으로, '낯섦'이 '혐오'로 바뀔 수 있다는 점에서 음식 공공외교에서는 문화상대주의적 접근이 반드시 전제되어야 한다.

4) 스포츠와 문화 공공외교

스포츠외교는 국익 달성을 위해 스포츠를 전면에 내세운 대외정책을 의미한다. 스포츠를 수단으로 활용하여 국가 간 관계의 변화를 모색한 사례는 최근의 공공외교적 틀 안에서 찾아볼 수 있는 사례뿐만 아니라 냉전시대에서도 엿볼 수 있다. 이른바 '핑퐁외교'라고 불리던 미국과 중국 간의 탁구, 농구 경기가 있다. 즉, 정치적·외교적으로 갈등·대치 상황에 있는 국가들이 페어플레이 정신으로 대표되는 스포츠 경기를 통해 화해 무드를 조성하고 더 나아가 국가 간 우호를 증진할 수 있는 것이 바로 스포츠외교라고 할 수 있다.

오늘날 국가 이미지 제고와 밀접하게 관련된 공공외교에서도 스포츠 영역이 중요하게 작용한다. 특히 스포츠외교와 공공외교의 공통분모에는 유명 스포츠 선수와 연성권력이 자리 잡고 있다. 김연아, 박지성, 손흥민, 류현진 등 다양한 종목에서 세계적인 수준의 경기를 보여준 유명 선수들은 대한민국에 대한 긍정적인 이미지를 형성하는 데 일조했다. 그들이 보여준 드라마 같은 승리, 어려움을 이겨내고 끊임없이 도전하면서 스포츠 정신을 구현하는 것 등은 대중문화, 음식, 전통문화, 예술 못지않게 매력적인 요소로서 스포츠가 추구하는 가치와 정체성이 반영되어 있다고 할 수 있다.

또, 올림픽이나 월드컵과 같이 국제적인 스포츠 대회를 유치하는 것은 국가 브랜드 가치 제고, 관광객 유치, 경제적 파급력 등 여러 면에서 긍정적인 효과를 만들어낸다는 점에서 많은 나라들이 적극적으로 뛰어든다. 한국은 1988년 서울올림픽대회를 통해 대한민국을 세계에 알릴 수 있었고, 2002년 월드컵은 우리 국민의 열정과 질서 의식을 전 세계에 보여주는 계기가 되었다. 2018 평창동계올림픽은 긴장이 고조되던 한반도에서 올림픽을 계기로 화해와 협력의 대전환을 이뤄내는 모습을 전 세계 시민들에게 보여주었다. 특히, 평창올림픽이 지향한 평화라는 가치는 전 세계인에게 큰 울림을 주면서 한국에 대한 호감을 줄 수 있었다. 평창올림픽 개막식과 폐막식에서 드론과 첨단 미디어 아트로 한국 첨단기술의 발전 양상도 드러낼 수 있는 기회가 되기도 했다.

한국 정부는 공공외교 차원에서 세계 205여 개국 8000만 명의 수련 인구를 가진 태권도 진흥을 위해 다양한 노력을 기울이고 있다. 태권도는 한국의 전통 스포츠로서 한국적 가치관, 한국 문화 고유의 특

태권도진흥재단

태권도를 보급하고 진흥하기 위해 설립된 문화체육관광부 산하의 기타 공공기관이다. 특수법인(법정 법인)의 형태로 운영된다. 태권도진흥재단은 태권도의 진흥 · 발전과 세계화에 기여하고 이미지를 제고하는 역할을 담당한다. 매년 태권도 교육, 산업 박람회를 진행하고, 태권도의 미적 가치와 무도로서의 우수성을 전파하기 위해 태권도 상설 공연, 외국인 관광객 유치를 위한 글로벌 무술문화 교류 축제 등 각종 행사를 개최한다. 이 밖에도 태권도를 소재로 한 디지털 시대에 적합한 게임, 웹툰, 영상 콘텐츠 개발 등 관련 산업을 활성화하고 있다. 공공외교적 측면에서 주한 외국인 태권도 보급 사업의 일환으로 국내 체류 외국인을 대상으로 한 태권도 수련 활동 제공, 태권도 대회와 페스티벌 등을 통해 문화 교류와 네트워크를 지원한다. 태권도 종주국의 위상을 위해 태권도의 올림픽 정식종목 채택 기념일인 9월 4일을 태권도의 날로 기념하고 있으며 '세계청소년태권도캠프'를 주최하여 태권도를 바탕으로 한 한국 문화 전파, 한국의 이미지 제고, 예비 친한 인사 육성을 도모한다. 아울러, 해외공관 및 세종학당에 태권도 콘텐츠 수요를 조사토록 하고 대상 국가 선정, 예산 교부 등을 통해 태권도 해외 활성화에도 힘쓰고 있다.

징 등이 있다는 점에서 문화 공공외교의 매력적 자원이 될 수 있다. 이에 따라 외교부, 문화체육관광부, 국기원, 세계태권도연맹, 세계태권도평화봉사재단 등은 협력하여 매년 태권도 시범단 행사를 개최하고, 태권도 사범 및 태권도 봉사단원 파견, 태권도 용품 지원 등의 사업을 시행하고 있다. 재외공관에서는 각국의 태권도협회 등과 협조하여 공관장배 태권도 대회를 개최하고 이를 통해 해외에서 태권도 보급 및 우리 문화 홍보를 위해 노력하고 있다. 재외공관은 태권도뿐만 아니라 축구 등 각국 현지 실정에 맞는 스포츠 종목을 활용해 2014년부터 다양한 스포츠 교류를 통해 해외 여러 국가와 친선을 도모하고 국가 이미지를 제고하고자 노력하고 있다.

참고문헌

김유경·이창현·손산산. 2008.「국가브랜드에 대한 태도가 상품 구매 의도에 미치는 영향: 중국의 한류를 중심으로」. ≪커뮤니케이션학 연구≫, 16(2), 35~55쪽.

김휘정. 2012.「문화외교와 국제문화교류 부문 조율 기능 확보의 쟁점과 과제」. ≪문화정책논총≫, 26(1), 227~252쪽.

서용건·서용구. 2004.「한류가 한국의 관광지 이미지와 관광객 의사결정에 미치는 영향」. ≪관광학연구≫, 28(3), 47~64쪽.

외교통상부. 2010.『문화외교 매뉴얼』.

주미영. 2016.「국제적 신뢰를 위한 문화외교와 정부지원에 대한 비교 연구」. ≪국제지역연구≫, 20(3), 55~87쪽.

최지선. 2019.「문화간 커뮤니케이션으로서 문화 공공외교」. 미발표 자료.

한국국제문화교류진흥원. 2018a.『2018 한류 파급효과 연구』.

______. 2018b.『2018 글로벌 한류 트렌드』.

한국문화관광연구원. 2014.『관광활성화와 국가브랜드의 선순환 구조분석 연구』. 문화체육관광부.

허진. 2002.「중국의 '한류(韓流)'현상과 한국 TV 드라마 수용에 관한 연구」. ≪한국방송학보≫, 16(1), 496~529쪽.

홍석경. 2013.「세계화 과정 속 디지털 문화 현상으로서의 한류: 프랑스에서 바라본 한류의 세계적 소비에 대한 이론적 고찰」. ≪언론정보연구≫, 50(1), 157~192쪽.

Arndt, Richard T. 2005. *The First Resort of Kings. American Cultural Diplomacy in the Twentieth Century*. Washington, D.C.: Potomac Books Inc.

Chapple-Sokol, S. 2013. "Culinary diplomacy: Breaking bread to win hearts and minds." *The Hague Journal of Diplomacy*, 8(2), pp.161~183.

Cull, Nicholas J. 2008. "Public diplomacy: Taxonomies and histories," *Annals-AAPSS*, 616, pp.31~54.

Cummings, Milton C. 2003. *Cultural Diplomacy and the United States*

Government: A Survey. Washington, DC: Center for Arts and Culture. https://www.americansforthearts.org/by-program/reports-and-data/legislation-policy/naappd/cultural-diplomacy-and-the-united-states-government-a-survey(검색일: 2019.12.13).

Lending, Mett. 2000. *Change and Renewal: Norwegian foreign cultural policy 2001~2005*. Oslo: Royal Norwegian Ministry of Foreign Affairs.

McClellan, Michael. 2004.10.14. "Public diplomacy in the context of traditional diplomacy." *Vienna Diplomatic Academy*. https://publicdiplomacy.org/45.htm(검색일: 2019.12.13).

Melissen, Jan. 2005. "The new public diplomacy: Between theory and practice." in Jan Melissen(ed.). *The New Public Diplomacy Soft Power in International Relations*. New York: Palgrage Macmillan, pp.3~27.

Nye, Joseph. 2004. *Soft Power*. New York: Public Affairs.

Rockower, P. S. 2012. "Recipes for gastrodiplomacy." *Place Branding and Public Diplomacy*, 8(3), pp.235~246.

Spence, C. 2016. "Gastrodiplomacy: Assessing the role of food in decision-making." *Flavour*, 5(1), pp.1~16.

5장

문화 공공외교 2

1. 문화정책과 문화 공공외교

오늘날 주요 선진국들에서 대내정책으로서의 문화정책(cultural policy)은 대외정책으로서의 공공외교와 밀접한 관계를 맺고 있다. 세계화로 인해 상호연계성이 심화되는 상황에서 자국민들을 위해 수립한 문화정책이라 하더라도 그 직간접적인 영향이 국내에만 국한되지 않는 경우가 종종 생긴다. 또한 각국은 국내 문화산업의 진흥을 위해 정책을 수립하고 각종 사업을 전개하는 과정에서 자국의 예술가나 문화 전문가들이 해외로 진출할 수 있도록 돕거나, 그러한 진출의 교두보가 될 수 있는 문화교류 사업 등을 활발히 추진하는데, 연성권력과 문화 공공외교의 중요성이 부각되면서 여러 문화정책에 문화 공공외교적 성격의 내용들이 포함되는 경우도 많다. 이러한 측면에서 오늘날 문화정책과 문화교류 및 해외 문화 진흥 정책 등은 사실상 문화 공공외교와 그 경계를 구분하기 쉽지 않다.

문화정책적 맥락에서 이뤄지는 문화 공공외교는 도구적 접근을 취하는 경우가 많은데, 그렇다 보니 이러한 접근이 종종 규범적인 문제와 분리되는 경향이 있다. 현실적으로 오늘날 문화산업은 기존 선진국들에게는 새로운 성장 동력 분야이며 경제 활성화를 추동할 시장으로 여겨지는 경우가 많다. 이러한 관점에서 문화산업의 진흥과 문화상품의 해외 수출 활성화는 문화정책의 핵심이 되고, 이를 통한 자국에 대한 우호적인 인식 제고는 문화 공공외교의 핵심 목표가 된다. 그러나 이러한 현실적인 측면을 충분히 고려하더라도, 문화 공공외교에서 상호 평등과 이해가 수반되는 관계 형성의 중요성을 간과하게 되는 것은 경계할 필요가 있다. 자칫 일방향적인 문화상품 수출에 기반한 도구적 접근은 상대국에 오히려 부정적인 인식을 키울 수 있는 위험이 있으며, 더 나아가 개발도상국들에서는 문화제국주의적 성격으로 비판받을 여지가 있기 때문이다.

문화 공공외교 연구자들과 현장 전문가들은 정부의 개입, 의도성, 외교적 목적성이 드러나는 것이 문화 공공외교와 진정한 문화관계 수립에 도움이 되지 않는다는 것을 이야기하고는 한다(Ang et al., 2015). 문화교류를 수단으로 보기보다는 그 자체를 목적으로, 정부 주도가 아닌 민간 주도로 이뤄나갈 때 교류 주체 간 상호이해를 통한 다양성과 창의성이 좀 더 제고될 수 있다고 본다. 외교적으로 명확한 목적성과 의도성은 많은 경우 일방향적 문화 확산을 초래하는 경우가 많은데, 바로 이러한 점은 문화 공공외교적 맥락에서 문화정책이 보여주는 양날의 검과 같은 특징이라 할 수 있다. 이러한 맥락에서 대내정책으로서의 문화정책을 어떻게 대외정책으로서의 공공외교와 조화롭게 수립하고 집행해야 하는지는 쉽지 않은 문제이다. 다음에서 살펴보는 주요 선진국들의 문화 공공외교적 차원에서의 문화정책 사례들은 각각 이러한 문제의식에 대한 시사점들을 제공해 준다.

2. 국가별 문화정책과 문화 공공외교

1) 영국의 문화정책과 문화 공공외교

영국 문화정책의 가장 대표적 원칙은 '팔 길이 원칙(arm's length principle)'이다. 이는 "정부가 지원은 하지만 간섭은 하지 않는다"라는 의미로, 정부가 팔 길이만큼 일정한 거리를 유지하면서 간섭하지 않는 것을 원칙으로 한다. 이러한 원칙은 양차 세계대전 이후 영국 정부가 본격적으로 전 국민의 문화 향유를 위해 문화정책을 시작하면서부터 지금까지 영국 문화예술 정책의 중요한 특징이 되고 있다(Quinn, 1997). 영국 정부는 지난 2016년 3월 『문화백서(The Culture White Paper)』를 통해 문화정책에 대한 목표와 내용을 제시했는데, 여기에서 다음과 같이 크게 네 가지 정책적 목표와 방향을 제시하면서 문화적 힘을 통한 영국의 국제적 지위 향상을 포함시켰다(UK Government, 2016).

① 어느 환경에서 태어나든 모든 사람은 문화에 대한 기회를 누려야 한다.

② 문화적 풍요로움이 지역사회에 혜택을 주어야 한다.

③ 문화력은 영국의 국제적 지위를 높일 수 있다.

④ 문화 투자, 회복 탄력성과 개선

여기서 주목할 것은 바로 세 번째이다. 백서는 글로벌 명성과 연성 권력 강화를 위해서 문화를 통해 국제관계의 새로운 기회 창출을 모색하는 정책적 방향을 제시한다. 이처럼 영국 정부는 팔 길이 원칙에 입각해 영국문화원(British Council), BBC, UKTI(UK Trade and Investment) 등을 매개로 문화 공공외교 정책을 수행하고 있다. 그중에서도 영국 문화 공공외교의 대표적인 주체는 영국문화원이라고 할 수 있는데, 영국 정부는 전체적인 공공외교의 방향을 제시하고 영국문화원과 같은 비부처 공공기관(NDPB: non-departmental public body)들이 정책 방향성에 맞춰 자체적으로 활동의 목표와 사업 계획을 수립하여 집행할 수 있도록 한다.●

대표적인 사례로 영국문화원은 영국 정부가 2016년 셰익스피어 서거 400주년을 맞아 셰익스피어가 인류에 미친 영향력을 기념하는 '셰익스피어 라이브스(Shakespeare Lives)' 프로그램의 주요 준비 주체로 일련의 관련 활동들을 주도했다. 영국문화원은 셰익스피어의 작품을 비롯해 영국의 문화, 교육, 영어 등을 글로벌한 차원에서 프로모션하기 위해서 전 세계 140여 개국 이상에서 해당 국가의 예술가들과 함께 작업을 할 수 있도록 했다. 또한 셰익스피어 작품의 원전을 바탕으로 하는 연극을 공연하기도 했지만 그의 작품을 21세기의 새로운 방식으로 재해석하는 작품과 공연도 다양하게 진행했다.

● 여기서 영국의 비부처 공공기관은 정부가 일정 정도의 재정지원을 책임지지만, 정부로부터 독립적이고 자율적인 운영이 이뤄지는 기관을 의미한다.

우리나라에서도 2016년 셰익스피어 연극이 공연되고 '셰익스피어 니즈유'라는 제목으로 3D 댄스 공연을 영국문화원과 국내 아티스트들이 협업하여 무대에 올리기도 하였다. 영국에서는 영국의 주요 시인들 10인이 셰익스피어의 서정시와 자신들이 창작한 소네트를 직접 낭독하여 녹음한 '셰익스피어 소네트 컬렉션'을 발표하기도 했다. '셰익스피어 라이브스'는 영국문화원이 주축이 되어 진행한 문화 공공외교 프로그램으로서, 영국문화원이 후원을 하지만 정부 주도적 교류가 아니라 다양한 독립성을 갖춘 관계 기관들, 각국의 아티스트들, 예술단체들과의 협업과 파트너십을 기반으로 한 거버넌스 체제를 보여주었던 문화교류 정책의 대표적 사례이다.

2) 프랑스의 문화정책과 문화 공공외교

프랑스는 전통적인 문화예술 강국이라는 이미지와 함께 문화적 다양성(cultural diversity)이라는 가치의 수호자로서 국제사회에서 중요한 역할을 수행하고 있다. 특히 다자간 자유무역 체제의 시발점이 된 우루과이 라운드(UR)에서 프랑스는 '문화적 예외'라는 개념을 내세우며 문화상품의 교역을 예외로 두었는데, 문화와 예술 분야의 작품은 한 사회의 정신적 가치와 삶이 녹아 있는 것으로 일반적인 상품과 동일하게 취급할 수 있는 것이 아니기 때문에 시장 원칙이 적용되는 국제무역에서 예외를 인정받아야 한다는 논리였다. 특히, 문화상품의 자유로운 교역을 주장하는 미국과 대치하며 프랑스는 미국에 저항하는 문화 중심의 국가, 문화 수호자라는 이미지와 지위를 국제사회에 각인시켰다(Burri, 2014).

프랑스는 기존의 문화예술 강국이라는 대외적 이미지와 함께 문화·과학·교육 분야를 관장하는 유네스코(UNESCO)가 파리에 위치한다는 장점까지 적극적으로 활용하면서 유네스코가 2001년 문화 다양성 선언을 채택하고, 2005년 문화 다양성 보호 및 증진에 관한 협약을 마련하는 데까지 캐나다와 함께 적극적인 역할을 했다. 비록 프랑스의 문화 다양성에 대한 주장이 미국 할리우드 문화에 대한 프랑스 문화의 보호라는 경제적 이익 측면이 강하고, 실제 국내 정책에서 다문화주의 정책이 모자이크 혹은 샐러드 볼과 같은 소수자 문화를 인정하는 정책이 아니라 통합정책적이라는 점에서 이중적인 측면이 있는 것도 사실이다. 그럼에도 프랑스는 문화 강국이라는 이미지와 문화외교 역량을 통해서 문화 다양성 가치 추구 정체성과 이미지를 확립하고 유지해 왔다.

이와 같은 문화 다양성에 앞장서는 모습을 통해 국가 이미지가 제고되는 현상은 공공외교적 측면에서 볼 때 가치외교(value diplomacy)의 맥락에서도 이해될 수 있다(김태환, 2018: 2~3). 한 국가가 특정한 가치를 추구한다는 것은 그 국가의 대내외적 정체성을 형성하는 데 지대한 영향을 미치며, 결국 그 정체성에 기반해 그에 조응하는 정책 결정과 실행을 하게 된다. 타국의 국민은 이러한 정책 결정과 실행의 과정과 결과를 통해서 그 국가가 추구하는 가치를 이해하게 되고, 그에 근거해서 해당 국가에 대한 우호적이거나 비우호적인 인식이 생길 수 있는 것이다. 이러한 차원에서 프랑스가 추구해 온 문화적 다양성과 문화적 예외에 대한 입장은 프랑스가 추구하는 가치의 기반이 되어 전통적인 문화예술 강국이라는 기존의 이미지와 시너지효과를 내고 있다.

특히 프랑스는 문화정책 중에서도 박물관 정책을 문화유산 콘텐츠, 관광산업 콘텐츠, 문화 교육 콘텐츠로서 우선순위에 두고 있다. 프랑스가 박물관 정책에 심혈을 기울이는 것을 단적으로 알 수 있는 제도는 바로 2002년 1월 4일 제정된 박물관에 관한 법(LOI n° 2002-5 du 4 janvier 2002 relative aux musées de France)이다. 프랑스는 이 법에 근거하여 프랑스박물관 고등심의위원회(haut conseil des musées de France)를 설치하고 '프랑스박물관(Musées de France)'이라는 명칭 부여에 대한 허가권을 부여했다. 프랑스박물관이라는 명칭은 재정적 권리를 부여받는 대신에 사회적 의무를 부과받는다(최지선, 2010).

즉, 프랑스박물관이라는 지위를 얻은 박물관들은 문화유산 콘텐츠를 보호 및 보존하고 관람객에게 지식, 교육, 즐거움을 제공하기 위해 최대한 노력해야 할 의무가 있다. 프랑스가 이처럼 박물관 정책에 공을 들이는 이유가 단순히 관광수입이라는 경제적 이익을 추구하기 위한 것만은 아니다. 프랑스는 박물관에 문화유산을 공공재로서 잘 보존하는 역할을 부여함으로써 이를 공공서비스 목적으로 대중에게 전시하여 많은 사람들이 평등하게 문화에 접근할 수 있도록 문화적 민주화에 기여해야 한다는 개념으로 접근한다(최지선, 2010). 그리고 이러한 프랑스 정부의 정책은 프랑스박물관에 대한 타국 대중의 인식에도 영향을 미치게 된다.

이러한 맥락에서 루브르박물관은 2017년 해외 별관으로서 '루브르 아부다비'를 아랍에미리트에 개관했다. 아랍에미리트와 프랑스 정부는 2007년부터 루브르 아부다비 설립에 합의하여 계획을 추진했고, 10년간의 긴밀한 협력 끝에 마침내 개관을 한 것이다. 퐁피두센터 역시 2015년 스페인 말라가, 2018년 벨기에 브뤼셀에 이어 2019년 중국 상하이에 분관을 열면서 적극적인 해외 진출을 하고 있다. 프랑스에서는 퐁피두 상하이를 프랑스 문화 공공외교의 성과로 내세우며 문화교류를 통한 프랑스 연성권력 증진에 이바지할 것으로 기대하고 있다.

3) 캐나다의 문화정책과 문화 공공외교

국제 문화교류 정책과 같이 정책에 이미 문화 공공외교적 속성이 포함되어 있는 정책과 별도로, 한 국가가 채택하고 있는 제도나 정책이 다른 나라에 모범이 되거나 인류 보편적인 가치를 바탕으로 하고 있는 경우 그 역시 매력을 구성하는 요소가 될 수 있다(김상배, 2013: 22~26). 즉, 그 국가의 역사적 배경에서 비롯된 특수성에 기반한 정책이더라도, 정책에 반영되어 있는 원칙과 가치 자체가 매력적인 요소가 되어 상대국, 해외의 국민들로부터 우호적인 마음을 얻게 될 수 있으며, 이러한 맥락에서 문화정책은 문화 공공외교의 자원으로 활용될 수 있다. 캐나다의 '다문화성'에 기반한 문화정책이 바로 그 대표적인 사례라 할 수 있다.

캐나다는 원주민 부족과 프랑스, 영국 두 유럽국가 국민의 만남으로부터 탄생한 나라이다. 캐나다 정부에 따르면 지금도 캐나다의 민족적·문화적 인구 구성은 시간이 갈수록 더욱더 다양해지고 있다. 이러한 국가 탄생의 배경에 따라 1971년에 캐나다는 세계 최초로 다문화주의 정책을 채택한 나라가 되었다. 오늘날 캐나다에는 200개 이상의 민족이 함께 살아가고 있고, 한 나라 안에서 서로 다른 언어와 문화가 공존한다. 캐나다 인구의 20%가 외국에서 출생한 이민자이고 2030년쯤에는 그 비율이 30%에 다다를 것으로 보고 있다. 또, 매년 25만여 명의 새로운 이민자가 들어오고 있다(조대식, 2016).

이민자의 나라라고 모두 다문화주의 정책을 채택하고 있는 것은 아니다. 캐나다는 이미자들을 하나의 주류문화로 통합시키는 용광로(melting pot) 정책이 아니라 다양한 문화의 공존을 중심으로 하는 모자이크 정책을 채택하고 있다. 이러한 캐나다의 다문화정책은 1971년에 세계 최초로 다문화주의를 국가정책으로 도입할 것을 선언하고, 1988년에는 '다문화주의법(Canadian Multiculturalism Act)'을 공포하면서 시작되었다고 할 수 있다. 캐나다 '다문화주의법'은 서로 태생이 다른 개인들이 지역사회 안에서 상호 교류를 촉진함은 물론이고, 캐나다 사회의 모든 민족의 완전하고 공평한 참여를 법으로 보장한다. 캐나다는 다문화주의를 통해 모든 캐나다인의 잠재력을 활용하려 하고, 더불어 이들이 사회에 융화되어 적극적인 역할을 하도록 장려하고 있다.

오늘날 이러한 캐나다의 다문화주의는 캐나다인들에게 중요한 정체성으로 자리 잡고 있다. 2015년 캐나다 여론조사에서 응답자의 95%가 이민자 역시 캐나다에서 태어난 사람만큼 좋은 캐나다 시민이 되는 것 같다고 답했고, 2017년 캐나다연구학회는 캐나다 국민들이 점점 더 다양성에 대해 편안함을 느낀다고 보고했다(홍영숙, 2019). 캐나다에서는 다양한 도시와 지역에서 매년 다문화 축제 행사가 진행된다. 이와 같은 문화행사들은 캐나다인들에게 다문화성에 대한 정체성을 형성하는 데 기여하고 많은 관광객을 유치하면서 그 안의 가치를 전파하며, 공공외교적 효과를 내기도 한다. 이처럼 캐나다의 다문화주의 정책은 매력적인 가치로서 연성권력 증진에 이바지하고 있다.

1971년 당시 캐나다의 피에르 트뤼도(Pierre Trudeau) 총리는 400여 년간 지속되어 오던 캐나다의 인종·민족 문제와 거기에서 비롯되는 사회적 불평등과 차별을 해소하기 위해, 국가적 차원에서 캐나다를 구성하는 다양한 언어, 종교, 문화의 다양성을 존중한다는 정책을 공식적으로 선언했다. 캐나다의 다문화주의 정책은 1971년 정책적 도입 시기부터 외교정책의 원칙으로 반영되었고, 이를 문화관계에서 캐나다의 특별한 정체성으로 부각시켜 왔다. 1970년 파리에 캐나다문화원(The Canadian Cultural Centre)을 설립하고 캐나다 문화를 선보이면서 캐나다를 열린 다문화 사회로 강조하는 등 캐나다 문화는 중요한 외교적 원천인 동시에 캐나다의 다문화주의적 정체성을 드러내는 수단으로 자리매김했다(Plachova and Firtova, 2015).

캐나다는 자국의 다문화주의와 문화진흥에서뿐만 아니라 2005년 프랑스와 함께 유네스코의 문화적 표현의 다양성 보호와 증진에 관한 협약이 채택되는 데 주도적인 역할을 하기도 했다. 그 결과 홍영숙(2019; 32)은 캐나다의 다문화주의가 국제적으로 캐나다에 대한 긍정적인 이미지를 형성했다고 주장하면서, 캐나다의 다문화주의가 사회적 통합과 경제적 성장 동력의 원천이었음은 물론이고 일찍이 캐나다의 이민 시스템과 다문화정책을 받아들인 호주와 스칸디나비아의 국가들의 긍정적인 사례들을 근거로 제시한다. 즉, 이러한 다문화정책은 결과적으로 대내적으로는 자국민들이 캐나다인으로서의 정체성과 자긍심을 고취하도록 하고 대외적으로는 해외의 여러 나라가 캐나다에 대해 매력적인 가치를 인정하고 우호적인 마음을 갖게 한다고 할 수 있다.

4) 일본의 문화정책과 문화 공공외교

일본의 문화정책과 문화 공공외교는 제2차 세계대전 종전 이후 현재까지 일본의 제국주의 역사에서 파생된 부정적인 이미지를 개선하는 것에 초점이 맞춰져 있다. 일본은 제국주의 시절 유럽 주요 국가들의 문화외교를 벤치마킹해서 일찍이 유럽의 유명 도시를 중심으로 문화원을 설립하여 일본 학자·예술가들의 유럽 진출을 돕고, 서구의 유명인들을 일본으로 초대하여 교류하도록 하고 일본학을 지원하고, 일본에 관한 자료 발간· 번역 등을 지원하면서 당시로서는 유럽을 상대로 선진적인 문화외교를 펼쳤다(Otmazgin, 2012).

한편 같은 시기 식민지배를 하던 동아시아에서는 식민지 국가들의 통치를 용이하게 하기 위한 수단으로 문화를 활용했다. 그 결과 전쟁 이후 패전국 일본은 아시아에서 문화정책을 문화 공공외교와 연결시키기가 조심스럽고 어려웠다. 그리하여 일본의 문화정책은 국내의 자국민들의 문화생활을 중심으로 하는 정책이 중심이 되고 산발적으로 북미와 유럽을 중심으로 하는 문화교류의 형태로 나타나면서 수동적이고 소극적인 성격을 띠었다.

일본은 1950~1970년대 경제성장을 바탕으로 외교 역량을 강화하는 과정에서 문화정책에 문화 공공외교적인 측면을 반영하기 시작한다. 그러나 정부 주도의 문화외교가 여전히 부담스러웠던 일본 정부는 특수법인 형태로 일본국제교류기금(Japan Foundation)을 설립하여 외국과의 상호이해 증진을 목표로 하는 문화교류를 추진하게 된다. 오늘날까지 일본국제교류기금은 일본 문화 공공외교의 주요한 주체로서 인적 교류, 해외에서의 일본 연구 지원, 행사 지원, 일본 소개 자료

재팬하우스

일본 문화 공공외교의 상징으로 부상하고 있는 런던 재팬하우스(Japan House in London)는 2018년 6월에 켄싱턴 하이 스트리트(Kensington High Street)에 개설했는데, 이곳은 런던 서부에서 가장 인기 있는 쇼핑 거리 중 하나로 부유한 거리이자 고급 상점들이 자리한 곳이다.

런던 재팬하우스는 런던 도심에 전시관, 이벤트 공간, 일본 레스토랑 및 상품점이 함께 자리하는 형태로 운영되는 복합문화공간으로서, 개관 초기부터 언론의 상당한 주목을 받았으며 현재 영국 시민들에게 상당한 호평을 받고 있다.

이곳에서는 일본 예술(미술, 음악, 디자인)·요리·기술과 관련된 전시회, 이벤트, 워크숍 및 세미나가 다양하게 열리고 있으며, 일본 장인·공예가·디자이너·연주자·음악가들을 영국 현지에 적극적으로 소개하는 역할을 하고 있다.

개관 이후 첫 5주 동안에만 약 7만 명의 영국 시민들이 재팬하우스에 다녀간 것으로 집계되었고, SNS에서도 개관 6개월 만에 인스타그램(Instagram) '팔로우'와 페이스북(Facebook) '좋아요'가 각각 2만 명을 돌파할 정도로 현지에서 주목을 받았다.

개관 이전에는 기존의 해외 공보문화원이나 일본국제교류기금이 시행해 온 역할들과의 중복성 문제로 일각에서 우려의 목소리도 있었으나, 개관 1년이 지난 지금은 상당히 성공적인 시도로 평가받고 있다.

한편 일본국제교류기금 런던 사무소 및 운영 프로그램들은 런던 재팬하우스의 일부로 편입되어 사실상 인하우스(in-house) 조직 및 프로그램처럼 운영되고 있다.

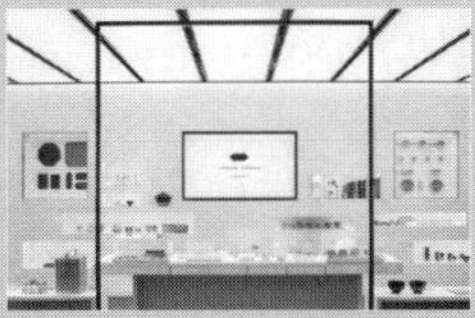

자료: 일본 외무성.

생산과 배포 등의 사업을 펼치고 있다.

일본 정부가 주도하는 본격적인 문화 공공외교 맥락에서의 문화정책이 추진된 것은 2000년대 초반이라고 할 수 있다. 일본 정부는 주도적으로 '쿨재팬(Cool Japan)'이라는 국가 브랜드이자 대외 문화정책의 구호를 만들어 적극적인 홍보를 시작하게 된다. 이후, 일본 정부는 고이즈미 총리, 아베 총리 등으로 이어지면서 일본 대중문화 캐릭터, 만가(Manga), 제이팝, 게임 콘텐츠 등 문화산업 부흥 정책과 더불어 자국 문화를 해외에 수출해 경제적·외교적 목적으로 활용하는 데 적극적으로 임하게 되었다.

현재 일본의 해외 문화 진흥을 위해 약 13개 부처와 관계 기관이 참여하고 있다. 그러나 서로 간의 비협력, 자원에 대한 경쟁, 우위 선점을 위한 갈등 등으로 비효율성이 초래됐다. 용어 사용에서도 부처나 기관별로 각자 유리한 방식으로 선점하려고 하는데, 이를테면 외무성은 팝문화 외교(pop culture diplomacy)라며 지원을 하고 경제산업성은 콘텐츠 산업이라고 하며, 총리실은 '일본'이라는 브랜드로 일본의 생활문화(life culture) 진흥을 추진한다(Otmazgin, 2012). 또한 일본 정부의 문화외교는 '문화교류'에 초점을 맞추고 있지만 여전히 일본 문화인들의 해외 활동 증진과 일본 문화 보급을 우선시하는 일방향 외교를 수행하고 있다는 점에서 문화교류라는 용어를 충족시키지 못하고 있다(주영미, 2016: 69~70).

5) 한국의 문화정책과 문화 공공외교

우리나라에서도 문화교류의 중요성을 인식하면서 국제문화교류

해외문화홍보원

해외문화홍보원은 세계에 한국의 국가 이미지 제고, 한국 문화 확산, 정부 주요 정책 성과의 홍보·지원 등 해외홍보 전반을 관장하기 위해 설립된 문화체육관광부 소속기관이다. 1971년 문화공보부 소속 해외공보관으로 설립되고 2008년 문화체육관광부 소속 해외문화홍보원으로 개편되어 오늘날에 이르고 있다. 세계 27개국 32개 한국문화원, 9개국 19개 한국문화홍보관, 온라인상에서의 한국 홍보를 위한 웹페이지 korea.net을 운영하여 한국문화의 해외홍보를 전담하고, 재외공관의 문화예술 활동, 국내외 문화예술인·단체 교류, 국내외 문화·학술 교류 등을 지원하고 있다. 정확하고 효과적인 한국 문화 홍보를 위해 해외홍보자료 데이터베이스 구축, 홍보자료 제작 및 배포 업무도 담당한다. 또한 외신 지원 센터를 두어 한국에 상주 또는 방한하는 외신기자들이 효과적이고 우호적으로 한국의 뉴스를 보도할 수 있도록 취재 지원 서비스를 제공하고 있다.

를 진작시키기 위해 2004년부터 관련 입법 차원의 노력을 이어왔다. 그러나 문화교류 정책과 문화 공공외교 간의 문제에서 정부, 산하기관, 민간단체에서 수행하는 기존 활동의 내용적 유사성 및 각 기관의 기능·업무 간 상호 연관성이 높음에도 조직적인 결합 구조의 부재 때문에 정책 집행에서 시너지효과를 얻지 못하고 있다는 점이 문제점으로 지적되어 왔다(김휘정, 2012). 바로 이러한 비판 지점에서 출발해 정부 부처 및 산하기관별로 분산된 문화교류 업무를 체계화하고 정책의 효율성을 제고하기 위해 '국제문화교류진흥법'의 입법화가 추진된 것이다. 2004년 논의가 시작된 이래 2009년 국회 문화체육관광방송통신위원회에 처음으로 '국제문화교류진흥법'이 제출되었고, 2011년, 2012년, 2013년, 2016년까지 수차례 관련 법안 발의와 폐기를 거듭하다가 2017년 비로소 국회를 통과하여 입법화되었다.

오랜 기간 문화체육관광부의 국제문화교류 업무와 외교부의 문화외교 업무를 어떻게 구분할 것인지는 공공외교의 핵심 논점이었다. 그 결과 문화체육관광부의 문화교류를 문화·예술·관광 등의 19개 관련 법률 분야로 한정하여 해당 분야에서 국가 간 상호 문화에 대한 이해를 증진하기 위해 수행하는 국제적 협력 및 활동으로 정의했다. 이 법률을 통해 정부 내에서 문화교류 정책상의 중복을 최소화해 효율성을 제고하기 위해 국제문화교류 업무의 총괄, 조정 부처를 문화체육관광부로 지정했다. 또, 2000년대부터 본격적으로 추진되어 온 문화교류와 한류 확산을 위한 한류 정책 역시 좀 더 체계화될 수 있었다. 오늘날 한류 정책은 우리나라 문화정책의 중요한 부분을 차지하고 있으며 한국 영화·드라마·가요 등은 물론 한식·전통문화·스포츠·관광까지 한국 문화와 관련된 모든 부분을 아우르고 있다.

참고문헌

김상배. 2013. 「중견국 공공외교의 이론: 매력과 네트워크의 시각」. 김상배·이승주·배영자 엮음. 『중견국의 공공외교』. 사회평론. 11~46쪽.

김태환. 2018. 「가치외교의 부상과 가치의 진영화: 강대국 및 중견국 사례와 함의」. 국립외교원.

조대식. 2016.7.27. "캐나다의 힘: 다양성과 다문화주의." ≪문화일보≫. 오피니언. http://www.munhwa.com/news/view.html?no=2016072701033730000001 (검색일: 2019년 12월 15일).

최지선. 2010. 「문화 콘텐츠로서의 프랑스 박물관」. ≪해외시장동향≫, 통권 296호. 한국콘텐츠진흥원. http://www.kocca.kr/cop/bbs/view/B0000153/1256108.do(검색일: 2019년 12월 15일).

홍영숙. 2019. 「캐나다의 다문화주의(multiculturalism) 소고」. ≪캐나다학 연구≫, 25(1), 23~39쪽.

Ang, I., Isar, Y. R., & Mar, P. 2015. "Cultural diplomacy: beyond the national interest?" *International Journal of Cultural Policy*, 21(4), pp.365~381.

Burri, M. 2014. "Trade versus culture: The policy of cultural exception and the WTO". in Karen Donders, Caroline Pauwels and Jan Loisen(eds.). *The Palgrave Handbook of European Media Policy*. pp. 479~492. Palgrave Macmillan

Dewing, M. and M. Leman. 2006. *Canadian Multiculturalism*. Ottawa: Library of Parliament, Parliamentary Research Branch.

Otmazgin, Nissim Kadosh. 2012. "Geopolitics and soft power: Japan's cultural policy and cultural diplomacy in Asia." *Asia-Pacific Review*, 19(1), pp.37~61

Polachová, Barbora and Magdalena Fiřtová. 2015. "Canadian Identity: Issues of cultural diplomacy(1993~2012)." *Canadian Soft Power: Dimensions of Canada's influence on the outside world*, pp.81~103. Poznań: Polish Association for Canadian studies.

Quinn, R. B. M. 1997. "Distance or intimacy?—The arm's length principle, the British government and the arts council of Great Britain." *International Journal of Cultural Policy*, 4(1), pp.127~159.

UK Government. 2016. The Culture White Paper. Department for Culture. Media & Sport.

6장

언어 및 교육·학술 공공외교

1. 언어 공공외교

언어는 사람들 간 소통의 근간이 된다. 비언어적 커뮤니케이션이 있다고 해도 추상적인 내용의 전달은 언어로 가능하다는 점에서 언어는 동물과 인간을 구분하는 기준이 되기도 한다. 또, 언어를 통해 추상적 사고가 가능해지면서 인간 사회는 오늘날과 같이 발전을 이룩할 수 있게 되었다. 언어는 한 나라의 문화와 떼어놓을 수 없고, 정체성을 형성하는 중요한 요소이다. 과거 제국주의 시대에 여러 제국들이 식민지 국가에서 언어 말살 정책을 펼쳤던 것이 이러한 점을 뒷받침한다. 역으로 한 국가의 언어 진흥은 그 나라의 문화적 요소를 확대하는 역할을 한다. 어떤 나라에 관심을 갖게 되면 그 나라에 대해 더 알고 싶은 마음에 해당 언어를 배우게 된다. 세계 여러 나라의 젊은이들이 BTS의 노래를 더 잘 이해하고 싶어 한국어를 열성적으로 배우고 있는 것도 비슷한 맥락이다. 언어는 소통과 상호이해의 중요한 수단이라는 점에서 중요한 공공외교 자원이 된다. 이러한 측면에서 주요 선진국들은 자국의 언어를 해외에서 교육하고 보급하는 활동을 적극적으로 펼치고 있다. 일찍이 자국의 문화적 영향력 확대를 위해 문화와 언어 보급의 중요성을 인식한 유럽의 주요 선진국들은 이미 100여 년이 넘는 언어 공공외교 성격의 해외 언어교육 역사가 있다.

1) 영국

그림 6-1
영국문화원 로고

영국문화원(British Council)은 영국의 언어와 문화를 해외에 보급하기 위해 1934년에 영국 정부에 의해 설립된 국제문화교류 기관이다. 영국문화원은 잉글랜드 및 웨일스 그리고 스코틀랜드의 법에 의거한 자선 기관이며, 영국 외무성의 후원으로 운영되는 비정부 기관이다. 런던에 본부가 있고, 세계 110여 개국에 사무소를 두고 활동한다. 영국 공공외교와 문화외교의 가장 주요한 주체로서 역할을 하는 영국문화원은 다양한 활동 중에서도 영국식 영어교육 진흥에 앞장서고 있다. 영어교육 진흥은 1934년 설립 초기부터 영국문화원의 주요 기능 중 하나였다. 영국 외무성은 영국문화원의 운영과 성과에 대해 책임을 지지만, 영국문화원은 약 10% 안팎의 재정지원만 정부로부터 받고 나머지 예산은 자체 사업으로 충당한다. 영국문화원은 한국 외교부의 초청으로 1981년에 한국에 설립되었으며, 1982년 4월에 체결된 한영 문화 협정에 근거해 한국에서 활동하고 있다.

영국문화원은 2017년에 「문화원의 2017~2020년 계획(Corporate Plan 2017~20)」[•]을 발표하면서 안보와 안정, 번영과 개발, 영향력과 매력이라는 세 가지를 축으로 세부 프로그램을 제시했다. 그중에서도 영어교육은 세 가지 주요 축에 포함되었는데, 단순히 언어 교육을 통한 공공외교 활동이라는 막연한 계획이 아니라 회복탄력성을 위한 언어(Language for Resilience)로서 분쟁지역에 교육 기회 제공, 평화유지를 위한 영어(English for Peacekeeping), 교육의 기회가 주어지지 않는 어린이에게 온라인 영어교육 지원(Video Conferencing with Remote Teachers) 등과 같은 언어 공공외교에 특화된 프로그램들을 운영하고 있다.[••]

2) 프랑스

그림 6-2
알리앙스 프랑세즈 로고

알리앙스 프랑세즈(Alliance Française)는 프랑스가 프랑스어 및 문화 진흥을 위해 설립한 언어교육기관이다. 알리앙스 프랑세즈는 1883년 파리에 설립되어 활동을 시작했는데 오늘날 세계 137개국에서 850여 개 센터들을 운영하고 있다. 유사한 공공외교적 성격을 띠는 언어교육기관들 중에서 가장 오랜 역사를 간직하고 있다. 프랑스

• British Coucil. Corporate Plan 2017-20. https://www.britishcouncil.org/sites/default/files/corporate-plan-2017-20.pdf.

•• British Council https://www.britishcouncil.org.

문화원과 언어 교육을 위해 협력하고 있으나, 정부 산하기관이 아니라 민간기관으로서 프랑스 정부로부터 총예산의 5% 정도의 지원만 받고 있다. 한국에도 1964년 서울 개설을 시작으로 1980년 부산, 이후 대전·광주·전주·인천 등에도 사무소를 두고 있다. 프랑스 문화원이 있는 지역에서는 프랑스어 교육과 문화진흥 역할을 함께 분담하거나 선의의 경쟁을 하고, 프랑스문화원이 없는 지역에서는 프랑스어 교육뿐만 아니라 미술 전시회, 음악 감상회, 프랑스 영화 감상, 토론회, 각종 학술대회 등을 개최하면서 문화원 역할도 실질적으로 일부 분담해 왔다.•

3) 독일

그림 6-3
괴테 인스티튜트 로고

괴테 인스티튜트(Goethe-Institut)는 1925년에 설립된 도이체 아카데미(Deutsche Akademie, German Academy)에 이어 1951년 설립되었다. 독일문화원이라고도 불리는 괴테 인스티튜트는 독일연방공화국의 대외 문화교류 기관으로 독일 내 13개소, 전 세계 146개소(문화원 134개소, 연락사무소 12개소)가 운영 중이다. 괴테 인스티튜트도 영국문화원과 마찬가지로 해외에서의 독일어 교육 및 보급, 국제 문화교류 등을 담당하는 기관으로서 역할을 하고 있다. 괴테 인스티튜트는 1968년에 한국에 개설되어 2018년에 60주년 기념행사를 성대히 개최하기도 했었다. 또한 2004년에는 북한에도 개설되었으나

• Alliance française Paris Ile-de-France https://www.alliancefr.org/.

2009년에 운영이 중단되었다.

영국문화원과 같이 독립기관으로 운영되지만 독일연방정부의 외무부로부터 일부 재정지원을 받는다. 나머지 예산은 자체 수입, 외부 후원금 등으로 충당한다. 영국문화원에 대해 영국 외무성이 책임을 지는 것과 달리 독일연방정부의 외무부는 괴테 인스티튜트에 대해 책임을 지지 않는다. 단, 정부가 재정지원을 함에 따라 외무부에 업무보고를 하고 회계감사를 받으며 괴테 인스티튜트 운영위원회에 외무부, 재무부 관계자가 각 1인 포함되어 의사결정 및 정책 결정에 참여한다.•

4) 중국

그림 6-4
공자학원 로고

공자학원(Confucius Institute)은 중국 교육부가 세계 각국의 고등교육기관과 연계하여 중국 언어와 문화를 세계에 전파하기 위해 세운 비영리 교육기관이다. 비교적 공공외교 후발주자인 중국에서 비중을 두고 추진하는 공공외교 사업 중 하나이기도 하다. 중국의 공자학원은 중국 정부의 대외정책이라는 큰 틀 안에서 공공외교의 중요한 도구로 활용되고 있다. 중국 정부는 해외에서 외국인들을 대상으로 하는 언어와 문화 교육을 통해 중국에 대한 긍정적 이미지를 키우고 있다(Hartig, 2015).

공자학원은 중국 교육부 산하 사업기구인 국가한판(國家漢辦)에서

• Goethe-Institut, https://www.goethe.de/

전 세계 다양한 지역에 설립하여 중국어 교육뿐만 아니라 장학생 선발, 대학생 중국 탐방 프로그램, 중국 문화체험 행사 등 문화행사, 교육 교류에 이르기까지 다양한 문화 공공외교를 수행 중이다. 중국의 공자학원은 영국의 영국문화원, 프랑스의 알리앙스 프랑세즈, 독일의 괴테 인스티튜트 등을 모델로 삼고 있는데, 정부로부터 독립된 형태 혹은 반독립 형태로 운영되는 다른 국가들의 문화원이나 어학 교육기관과 달리 중국 정부와 긴밀한 관계를 맺고 있다. 또, 중국 측과 해당 국가의 합작 형태로 설립·운영된다는 점도 특이하다.

세계 최초의 공자학원은 2004년 한국의 한중문화협력연구원과 합작하여 설립한 서울공자아카데미이다. 전 세계 126개 국가의 대학을 중심으로 공자아카데미 475개, 초·중·고에 공자학당 851개가 설립되어 있다.[•]

5) 한국

그림 6-5
세종학당재단 로고

King Sejong
Institute Foundation

세종학당재단은 국외 한국어 교육과 한국문화 보급 사업을 총괄하기 위해 설립된 문화체육관광부 산하 공공기관이다. 외국인들을 대상으로 한국어와 한국문화를 알리고 한국에 대한 외국인들의 관심을 높이는 데 기여하고 있다. 2008년 국무회의에서의 '한글의 국제 경쟁력 제고 방안' 마련 논의를

• 공자아카데미, http://www.gongja.or.kr/intro.php.

발판으로 2012년 세종학당재단이 출범하게 되었다.

세종학당재단은 외국어 또는 제2언어로서의 한국어 및 한국문화를 교육하는 세종학당을 지정·지원하여 운영하고 있다. 이를 통해 쉽고 체계적인 한국어 교육이 이뤄질 수 있도록 표준 교육과정 및 학습자 평가 체계를 개발하여 제공하고 있으며, 다양한 교육자료를 출판·보급하고 '누리세종학당', '모바일 한국어 학습 앱'을 통한 온라인 학습도 지원하고 있다. 한국어 교원을 양성하여 세종학당에 파견, 지원하고 문화상호주의적 관점에서 국내외 한국문화 교육 및 체험 연수 과정을 운영하여 공공외교에 기여하고 있다.•

2. 교육·학술 공공외교

언어와 함께 교육·학술 분야도 공공외교에서 중요한 역할을 담당해 왔다. 교육 분야에서 이뤄지는 공공외교는 유학·학술 교류·학문적 지원 등을 통해 이뤄진다. 유학이나 학술 교류를 통한 교육·학술 공공외교는 역량 있는 젊은 인재들을 자국 유학생으로 유치하고, 교환학생 제도를 통해서 교류할 수 있도록 하며, 학계 전문가들의 인적 교류를 지원함으로써 자국에 유리하고 우호적인 감정을 갖는 전문가층을 확대하려고 노력한다. 특히, 교육에는 무엇보다도 한 나라의 가치·규범 등이 반영되어 있다는 점에서 그 나라의 가치를 널리 전파할 수 있다는 점, 학술적인 차원의 교류를 통해 인류 사회에 학문적 기여를 할 수

• 세종학당재단, https://www.ksif.or.kr/.

있다는 점에서도 의미 있는 활동이라 할 수 있다. 이러한 차원에서 주요 선진국들은 교육·학술 분야의 공공외교를 오랫동안 수행해 왔고, 우리나라도 이러한 교육·학술 분야의 공공외교를 점진적으로 강화하는 추세이다.

교육·학술 공공외교 중 유학과 학술 교류는 공공외교 초기부터 적극적으로 활용되어 온 활동이다. 인적 교류로서 유학 유치, 교환학생 제도, 학계 전문가 교류를 바탕으로 하는 학술 교류는 세계 각 지역에 지한파를 양성하는 중요한 역할을 한다. 특히, 유학생들은 학업이 진행되는 국가에서 교육과정을 이수하는 동안 그 체류기간이 짧지 않다는 점에서 해당 국가의 언어·문화를 체득하는 것은 물론 그 나라의 정치·사회·경제 면면에 대해 잘 알게 된다. 이들은 이를 바탕으로 그 나라에 대한 인상이나 감정을 갖게 되는데, 대체적으로 오래 머물면서 긍정적인 마음을 갖게 될 가능성이 높다. 이미 유학할 국가를 결정할 때 우호적인 감정이 있었을 것이고, 또한 유학생들 중 유학 국가가 제공하는 장학금 지원을 받아 수학하는 유학생들의 경우에는 긍정적 마음이 생겨나는 경향이 더 클 수밖에 없다.

따라서 유학생 유치는 국가 이미지 제고, 자국에 우호적인 인재 양성을 위해 중요한 공공외교 활동이 된다. 더구나 장학생 선발 과정을 거치는 경우, 선발된 유학생들은 본국으로 돌아가 오피니언 리더로 활동할 가능성이 높다는 점에서 그들이 학업을 진행한 나라에 대해 갖는 긍정적인 마음은 연성권력 측면에서 볼 때 매우 영향력이 크다고 할 것이다. 우리나라에서도 1967년 이래 국립국제교육원에서 '대한민국 정부초청 외국인 장학생 제도(GKS: Global Korea Scholarship)'를 운영 중이다. 교육부에 따르면 "그간 배출된 5000여 명의 졸업생들은 각국에서 교수·기업인·공무원 등 전 세계 정계·재계·학계를 비롯한 다양한 분야에서 영향력 있는 지도자로 활동"하고 있다.* 이러한 점에서 외국의 우수 인력을 지원하는 장학 사업은 공공외교에서 중요하다.

아울러, 유학 및 학술 교류를 통한 공공외교는 국가 이미지 제고, 우호적 인사 양성 및 네트워크 구축을 넘어서서 교육을 통해 국제사회에 민주주의적 가치, 자유의 가치 등을 확산시킨다는 점에서 국제사회에 기여하는 방법이기도 하다. 비민주주의 국가로부터 온 교환학생 프로그램 참가자들의 경우 그들이 미국에서 한 경험이 그들 본국의 정치제도나 정치 행동에 일정 부분 영향을 미치는 것으로 나타났다는 연구가 이를 뒷받침한다(Atkinson, 2010). 또, 앞서 언급한 바와 같이 유학을 마치고 귀국하는 졸업생들이 본국에서 영향력 있는 지도자로 활동함으로써 개발도상국 인재들에 대한 지원은 그들의 국가발전에 기여한다는 점에서도 국제사회에 대한 이바지라 할 수 있다. 대표적인 유학 및 학술 교류 지원 프로그램으로는 미국의 풀브라이트(Fulbright) 프로그램, 유럽의 에라스무스 문두스 프로그램, 프랑스의 블레스 파스칼 장학생 프로그램, 영국의 셰브닝(Chevening) 장학 프로그램 등이 있다.

1) 미국

풀브라이트 프로그램은 1946년부터 시작된 미국 국무부의 국제교환 프로그램 및 장학금 제도이다. 풀브라이트 장학 프로그램은 전

* 교육부, https://www.moe.go.kr/boardCnts/view.do?boardID=294&lev=0&statusYN=W&s=moe&m=0204&opType=N&boardSeq=76742.

세계 학자·교육자·대학원생·예술가·연구원·전문가 등을 대상으로 이뤄진다. 전 세계 160여 개국에서 운영되고 있으며 매년 8000여 건의 교환 프로그램을 지원하고 있다. 풀브라이트 프로그램은 1945년 제2차 세계대전 종전 이후 "교육, 문화, 과학 분야에서 교환을 통해 국제적 친선을 촉진하는 목적"으로 시작되었으며 1년 후 당시 트루먼(Harry Truman) 대통령이 '풀브라이트법'을 승인하면서 본격적으로 프로그램이 시작되었다.• 풀브라이트 프로그램은 일찍이 교환 학생, 평화봉사단 등을 통해 베트남 전쟁을 통해 실추된 미국의 이미지 회복에 힘쓰는 데도 활용되었다.

그림 6-6
풀브라이트 프로그램 로고

국무부는 풀브라이트 장학 프로그램을 통해 장학생들로 하여금 미국의 교육 시스템을 경험하고 더 나아가 미국 사회를 직접 경험하도록 함으로써 미국에 대한 이미지 제고가 가능하다는 점, 그리고 미국의 연구와 지식을 공유하여 학문적 발전을 도모할 수 있는 해외 인재 유치와 학문적 네트워크 구축이라는 점에서 미국의 여러 공공외교 프로그램들 중 가장 중요한 사업 중 하나로 평가되고 있다. 풀브라이트 장학 프로그램은 단발성 지원에서 끝나는 것이 아니라 장학생 네트워크를 형성하는 데도 지원을 아끼지 않는 등 지속적인 관리를 하고 있다. 한국에서도 한미교육위원단을 통해 대학생, 교수·전문가, 행정 전문가, 영어교사 등을 대상으로 풀브라이트 장학생을 선

• The Fulbright Program-History. https://eca.state.gov/fulbright/about-fulbright/history.

발하고 있는데, 지난 68년간 총 3762명이 장학금 수혜를 받았다.

2) EU

그림 6-7
에라스무스 문두스 로고

에라스무스 문두스 프로그램은 공공외교 차원에서 2005년부터 EU가 실시하고 있는 학술 교류 및 장학 프로그램이다. 미국의 풀브라이트 장학 프로그램을 모델로 삼고 있다. 1987년 유럽 내 국가들 중심으로 이뤄지던 에라스무스 프로그램의 확장판이라고 할 수 있다. 에라스무스 문두스 프로그램은 비유럽권 국가들과의 교육 교류를 위해 석사, 박사과정 우수 학생들을 선발해 지원한다. 2005년 약 2억 3000만 유로를 출자하여 장학금 프로그램, 제3세계 학생들 지원, 제3세계 고등교육 부처와의 파트너십 결성, EU로의 고등교육 유학 확대 지원 등을 시작했다.

또한 EU는 에라스무스 문두스 사업의 목표가 제3세계 국가와 협력을 강화하고 인적 자원 개발을 촉진하며 사람과 문화 간 대화와 이해를 증진시켜 전 세계에 유럽적 가치와 매력을 확산하는 것임을 강조한다. EU는 2014년 기존의 에라스무스 프로그램을 에라스무스 플러스(Erasmus +) 프로그램으로 확대 개편하여 학생뿐 아니라 인턴십을 수행하는 청년을 포함해 전 세계 젊은이들과 학자들이 교육·직업훈련·스포츠 등 다양한 분야에서 교류할 수 있도록 했고, 에라스무스 문두스 프로그램과 유럽학 지원 프로그램인 장 모네 활동(Jean Monnet Activities) 등 EU 내 학술 교류·학술 지원 프로그램들을

통합시켜 관리하고 있다.•

3) 영국

영국 셰브닝 장학 프로그램은 공공외교 사업의 대부분을 비정부 공공기관을 통해 진행하는 영국에서 보기 드물게 영국 외무성이 직접 관장하는 장학 프로그램이다. 셰브닝 장학 프로그램은 영국 대학에서 학업을 진행하고자 하는 전 세계 인재들 중 일부를 선발해 영국 내 대학에서 1년간 석사학위 과정을 진행할 수 있도록 지원하는 프로그램이다. 재정은 여러 기업 및 기관의 후원금으로 운영된다. 1980년대 외무성 장학 프로그램(Foreign and Commonwealth Office Scholarships and Awards Scheme)이라는 명칭으로 시작했다가 1994년 셰브닝으로 변경되었다.

그림 6-8
셰브닝 장학 프로그램 로고

셰브닝 장학 프로그램도 전 세계 인재들을 위한 학문적 지원, 인재들의 네트워크 형성, 영국 문화 경험 기회 제공을 목적으로 한다는 점에서 앞서 설명한 다른 장학 프로그램들과 유사한 측면이 있다. 영국의 교육부가 아니라 외무성에서 지원한다는 것만 보아도 외교적 목적이 뚜렷하게 드러난다. 외무성 역시 셰브닝 장학 프로그램을 통해 단발적 지원에 그치는 것이 아니라 장학금 수혜자들이 셰브너(cheveners)로서 정체성을 갖고 지속적으로 네트워크를 형성하고 관계를 유지할 수 있도

• Erasmus +, https://ec.europa.eu/programmes/erasmus-plus/node_fr.

록 지원을 하고 있다.●

4) 일본

교육·학술 공공외교와 관련해 장학금 이외에 또 다른 방법은 해외의 교육기관에서 자국 관련 교육과정들이 설치 및 운영되도록 지원하는 것이다. 특히 중견국들에게는 이것이 중요한 교육·학술 공공외교의 수단이 된다. 미국, 영국 등 학문 분야에서도 주도권을 가진 서구 국가들로서는 이미 여러 나라에서 배우는 교과목에 자국에 대한 내용들이 충분히 반영되어 있고 그 관점 또한 서구 중심적인 시각에 기반해 교육이 이뤄지지만, 비서구 국가들의 경우 자국에 대한 내용들이 서구 국가들의 교육과정에 포함되기는 쉽지 않았던 것이 현실이었다. 그러나 오랜 노력 끝에 오늘날에는 이러한 상황이 많이 개선되고 있는데, 그중에서 일본은 교육·학술 공공외교에서 가장 선도적인 역할을 한 국가였다. 일본이 20세기 초 주요 국가로서 부상하기 시작하면서 서구에 일본을 알리기 위해 적극적으로 지원했던 분야가 '일본학'이었다. 일본은 1973년 일본국제교류기금이 독립 법인으로 설립되면서 지금까지 해외 일본학 지원과 진흥 사업을 담당하도록 하고 있다.

그러나 일본의 교육·학술 공공외교는 그 성과에도 불구하고 일부 한계도 보여주었다. 일본의 교육·학술 공공외교에서 중요한 역할을 수행해오던 민간재단인 사사카와 평화재단(Sasakawa Peace Foundation)이 프랑스에서 제2차 세계대전 전범이 설립한 재단이라는 이유로 학술

● Chevening, https://www.chevening.org/.

일본의 사사카와 평화재단의 학문적 자유 위협 사례

2008년 프랑스와 일본의 수교 150주년을 기념하는 다양한 행사가 프랑스 현지에서 개최됐다. 행사의 일환으로 프랑스 국제관계연구소(IFRI)라는 싱크탱크에서 수교 150주년을 기념하는 학술회의를 개최하기로 했고, 이 행사에 프랑스 외무부와 프랑스·일본재단(Fondation Franco-Japonaise)이 후원하기로 했다. 문제는 이 재단이 제2차 세계대전 직후 일본의 A급 전범으로 기소된 사사카와 료이치라는 극우 인사가 일본 국내외에 설립한 수십 개 '사사카와 재단' 중 하나였다는 점이다.
프랑스의 일본학 및 동아시아학 관련 학자 50여 명은 행사 개최를 몇 주 앞두고 사사카와의 행적을 고발하면서, 프랑스 외무부가 이 학술행사를 후원하는 것에 대해 깊은 우려를 표명하고 행사 참여를 강력히 반대했다. 프랑스 외무부는 결국 공동 후원에서 빠진 채 학술행사가 개최되었다. 이듬해 사사카와 재단은 당시 서명 작업을 주도한 학자 중 한 명인 파리정치대학(시앙스포) 국제관계연구소의 카롤린 포스텔 비네 박사를 지목해, 프랑스 학자들의 공동성명서가 사사카와 료이치와 그가 세운 재단의 명예를 훼손했다며 프랑스 법원에 거액의 손해배상 소송을 제기한다. 이에 프랑스 정치학회를 비롯해 프랑스 일본학회, 프랑스 파리정치대학 교수 및 연구자들은 즉각 공동성명을 발표하고 학문 연구의 자율성을 억압하는 행위라며 강력히 반발했다.

(자료: 윤석준, 2010.6.30)

행사 보이콧이 일어나자 문제 제기를 한 프랑스 학자에게 명예훼손 손해배상 소송을 제기했던 사례는 교육·학술 공공외교라는 이름으로 이뤄지는 지원이 학문적 자유를 위협하다가 역효과를 낼 수 있음을 보여주는 전형적인 사례였다. 따라서 학문적 지원을 통한 교육·학술 공공외교는 상호 호혜적이면서도 학문 영역의 자율성을 존중하는 원칙을 가지고 이뤄져야 할 것이다.

5) 한국

한국은 외교부 산하 한국국제교류재단(Korea Foundation)을 중심으로 한국에 대한 다양한 측면의 정보를 타국 교육기관에서 제공할 수 있도록 '한국학' 교육과정 설치 및 교원 파견 등을 지원하고 있다. 이를 통해서 세계 여러 국가들에 한국학을 보급하고 한국에 대한 정보를 체계적으로 알리며, 지한파를 육성하고 차세대 한국 전문가를 양성하여 국가 이미지를 제고하기 위해 노력하고 있다. 이러한 교육·학술 공공외교 사업의 일환으로 외교부는 세 분야에서 한국학 지원 사업을 펼치고 있다.

첫째, 한국학 인프라 구축이다. 외교부는 세계 여러 대학에 재정지원을 통해 한국학, 한국어 강좌가 운영되도록 하고 있다. 한국학 교수직을 설치하고 현지 교원을 고용하며, 현지에서 교원 고용이 어려운 경우 객원교수를 파견하는 사업도 진행한다. 또한 국제교류재단 글로벌 이스쿨(e-school) 강좌를 제공하고 있다.

둘째, 한국어 및 한국학 분야에 우수 인재를 유치하기 위해 수준별 장학금 제도를 운영한다. 한국어 펠로십(fellowship), 한국 전공 대학원생 펠로십, 박사후 과정 펠로십, 방한 연구 펠로십 등 다양한 수준별 펠로십도 운영 중이다.

셋째, 학술활동을 지원하는 방식이다. 외교부는 해외의 한국학센터를 지원하고 외국의 한국학 전공자, 한국어 교원 등의 학술 교류, 학술 활동 등의 개최를 지원하고 있다.•

한국국제교류재단이 발간한 '2018 해외한국학백서'에 따르면 해외의 한국학 운영 대학 및 기관은 2007년 55개국 632개 처에서 2017년

• 외교부 공공외교 활동 개요. http://www.publicdiplomacy.go.kr/summary/summary_personal06.jsp.

국립국제교육원

국립국제교육원은 글로벌 시대에 부합하는 글로벌 인재 양성, 교육 개발협력 및 국제 교육 교류 등을 목적으로 하는 교육부 소속 책임운영기관이다. 1962년 서울대학교에서 재일동포 모국 수학생 지도로 시작하여 1992년 국제교육진흥원으로 개편되면서 오늘날 교육부 소속의 교육·학술 공공외교를 담당하는 국가기관으로 자리매김했다. 국립국제교육원은 한국 유학 박람회를 개최하여 외국인 유학생을 초청·유치하고 학업 및 생활 지원을 통해 관리하는 업무를 담당하며, 글로벌 한국 장학금(GKS: Global Korea Scholarship) 운영, 교원 해외 파견(ODA) 사업, 한일/한중 교육 교류 사업 등을 추진함으로써 국제 교육 교류에 기여하고 있다. 또한 한국어능력시험(TOPIK: Test of Proficiency in Korean)을 주관하고 재외동포 국내 교육과정 운영, 재외 한국학교 교사 초청 연수 운영 등을 통해 재외동포 교육도 지원한다. 대한민국의 글로벌 인재 양성을 위해 국비유학생 선발 및 파견, 한일 공동 고등교육 유학생 교류, 한미 대학생 연수, 외국어 교육 지원(원어민 영어 보조교사 선발 및 지원, 정부 초청 영어 봉사 장학생 선발 및 지원, 특수 외국어 교육 진흥) 등도 진행 중이다. 특히, 2023년까지 유학생 20만 명을 유치하고 한국어능력시험 연간 지원자 수를 40만 명까지 확대한다는 목표를 추진 중이다.

105개국 1348개 처로 늘어났고, 한국학센터는 2007년 16개국 43개 처에서 2017년 32개국 119개 처로 확대된 것으로 조사되었다.

한국학 지원으로 이뤄지는 교육·학술 공공외교는 지한파 육성을 통한 국가 이미지 제고라는 목표도 중요하지만 장기적으로 한국에 대한 전문가를 양성하고 이를 통해 전 세계에서 한국에 대한 연구와 교육의 토대를 마련한다는 점도 중요하다.

참고문헌

변지영·정헌주. 2018. "한국의 공공외교와 세종학당: 2007~2015년 국가별 지정 요인에 관한 실증분석." ≪한국정치학회보≫, 52(2), 173~201쪽.

윤석준. 2010.6.30. "프랑스 학자들, 일본 극우 재단과 싸운다." ≪한겨레 21≫, 817.

Atkinson, Carol. 2010. "Does soft power matter? A comparative analysis of student exchange programs 1980-2006." *Foreign Policy Analysis*, 6, Iss.1, pp.1~22.

Chaubet, F. 2004. "The French Alliance or language diplomacy(1883~1914)," *Revue historique*, 4, pp.763~785.

Gutierrez, J. J. P. 2015. "World libraries, the diplomatic role of cultural agencies." European Review, 23(3), pp.361~368.

Hartig, Falk. 2015. *Chinese Public Diplomacy: The Rise of the Confucius Institute*. London, Routledge.

Horne, J. 2017. " "To spread the French language Is to extend the patrie": The Colonial Mission of the Alliance Française." *French Historical Studies*, 40(1), pp.95~127.

Kurbalija, J. and H. Slavik(eds.). 2001. *Language and Diplomacy*. Diplo Foundation.

Pan, S. Y. 2013. "Confucius institute project: China's cultural diplomacy and soft power projection." *Asian Education and Development Studies*, 2(1), pp. 22~33.

Wheeler, A. 2014. "Cultural diplomacy, language planning, and the case of the University of Nairobi Confucius Institute." *Journal of Asian and African Studies*, 49(1), pp.49~63.

3부

공공외교와 커뮤니케이션

U N D E R S T A N D I N G

P U B L I C

D I P L O M A C Y

7장

미디어 공공외교

1. 미디어 공공외교

전통적으로 미디어는 공공외교의 가장 중요한 수단으로 활용되어 왔다. 일반적으로 미디어 공공외교(mediated public diplomacy)는 국제방송·라디오·신문·광고·소셜미디어 등을 통해 국제사회에서 틀 짓기(framing)와 의제형성(agenda-building)을 하는 전략적 커뮤니케이션 활동을 말한다(Albishri et al., 2019: 1). 미디어 공공외교는 전통적으로 라디오, TV 등 올드미디어를 중심으로 한 일방향적 성격의 커뮤니케이션에 관한 논의가 주를 이루어왔으나, 2000년대 이후로는 인터넷을 기반으로 한 다양한 뉴미디어 중심의 양방향적 성격의 커뮤니케이션에 관한 논의가 주를 이루고 있다.

미디어 공공외교는 종종 미디어 외교(media diplomacy)나 미디어 브로커 외교(media-broker diplomacy)와 혼용되기도 하는데, 이 용어 사이에는 엄격한 의미 구분이 필요하다. 미디어 공공외교가 "국가 및 비국가 행위자들이 해외 여론에 영향을 주기 위해 미디어와 다른 커뮤니케이션 채널을 이용하는 것"이라면, 미디어 외교는 "정부행위자들이 다른 행위자들과의 커뮤니케이션이나 분쟁 해결에 도움이 되도록 미디어를 활용하는 것"을 의미하고, 미디어 브로커 외교는 "언론인들이 일시적으로 외교관 대신에 국제협상에서 중재자로서 역할을 수행하는 것"을 의미한다(Giloba, 2001).

미디어 공공외교에서 국제방송은 일찍이 공공외교라는 용어가 사용되기 이전부터 상대국의 국민들에게 정보와 엔터테인먼트를 제공하고 그들의 마음을 얻는 수단으로 활용되어 왔다. 국제방송은 제1, 2차 세계대전 및 냉전시대에 적극 활용되면서 공공외교가 '프로파간다의 또 다른 이름'이라는 오명을 얻게 된 원인이기도 했지만, 여전히 다수의 대중에게 빠른 속도로 정보를 전달할 수 있다는 점에서 중요한 공공외교 수단이 된다. 국제적 이슈와 관련하여 전 세계 공중의 여론 형성에 미디어가 강력한 영향을 미친다는 것을 웅변한 'CNN 효과', '알자지라 효과'는 미디어 공공외교에서 국제방송의 중요성을 잘 보여준다.

2. 국제방송과 공공외교

1) 국제방송의 정의

국제방송(international broadcasting)은 일반적으로 국경을 넘어 해외 공중을 대상으로 뉴스·정보·엔터테인먼트 등을 제공하는 방송을 말하는데, 실질적인 국제방송의 수용자는 해외에 거주하는 외국인과 자국인뿐만 아니라 국내에 거주하는 외국인도 포함된다(Browne, 1982). 국제방송은 기술적으로는 크게 전파·위성·인터넷 기술을 활용하여 이뤄지며, 사용되는 매체에 따라 라디오·텔레비전·웹 방송 등으로 나뉜다. 오늘날 국제방송은 세계화 시대에 전 지구적 수용자들을 대상으로 글로벌 뉴스와 엔터테인먼트를 제공하는 역할을 하는데, 이는 타국의 대중과 주요 인사들(opinion leaders)의 의견 형성에 영향을 미치기 위한 목적이 전제된다.

국제방송의 역할은 국제방송이 시작된 20세기 초 이래로 크게 달라지지 않았지만 그 목적은 시대에 따라 조금씩 바뀌어왔다. 국제방송은 본래 20세기 초 전파 기술을 활용했던 유럽에서 당시 해외 식민지 영토에 본국의 소식과 문화를 전파하고 정책을 전달하기 위한 목적으로 시작되었다. 이후 양차 세계대전을 치르고 냉전시대에 접어들면서 국제방송은 자유진영과 공산진영이 서로 상대 진영의 공중에게 프로파간다를 전파하는 수단으로 적극 활용되었다. 그리고 오늘날에는 전술한 바와 같이 전 세계 공중을 대상으로 글로벌 뉴스와 엔터테인먼트를 제공하면서 국제적인 의제를 형성하고 여론을 주도하며 담론 경쟁에서 우위를 차지하려는 목적이 크다.

국제방송에 사용하는 방송통신 기술은 전파·위성·웹을 중심으로 점진적으로 발전해 왔고, 그 플랫폼은 라디오·텔레비전·모바일로 다변화되었으며, 콘텐츠는 종합 편성·뉴스·엔터테인먼트 등으로 다양화되었다. 이처럼 국제방송을 '방송' 자체에 초점을 맞춘 기준으로 분류하는 방식도 가능하지만 공공외교의 수단으로 활용되는 측면에 더 초점을 맞출 경우, 다음과 같이 그 목적과 재원 조달 방식에 따라서 국영방송형(state-owned broadcasting), 공영방송형(public broadcasting), 민영방송형(private or commercial broadcasting) 국제방송으로 분류할 수 있다(이진로, 2014: 17~33).

국영방송형 국제방송은 정부가 국제방송의 설립과 재원 조성에 참여하는 방송으로, 국가의 정책 홍보 및 자국의 대외 선전을 주목적으로 하기에 그 재원도 국가 예산으로 운영되고 있다. 국영방송형 국제방송은 자국의 시각에서 주요 뉴스와 교양, 문화 프로그램을 세계 각국에 제공함으로써 외교적·경제적·문화적 강대국의 위상을 유지·강화한다. 대표적으로 미국의 목소리(Voice of America), 프랑스 24(France 24), 도이체벨레(DW: Deutsche Welle), 러시아 투데이(Russia Today), 중국국제텔레비전(CGTN), 한국의 아리랑 TV(Arirang TV)가 있는데, 국가나 정부가 핵심 주체로 관여한다는 점에서 과거의 프로파간다 기구 같은 역할을 한다는 비판에 취약할 수 있다.

공영방송형 국제방송은 정부 예산으로부터 직접적인 재원을 받지 않고 국민 혹은 시청자들로부터 받는 수신료로 운영하면서 양질의 콘텐츠를 제공하여 공익을 추구하는 국제방송이다. 일반적으로 우수한 콘텐츠 경쟁력을 바탕으로 한 기존 공영 언론사로서의 브랜드 가치를 기반으로 한다는 점에서 국제적으로도 호의적 이미지를 얻기에 유리하며, 국영방송형 국제방송에 비해 국가로부터 독립적이라는 인상을 주기 때문에 국제방송을 프로파간다 기구로 보는 일각의 비판으로부터 자유로운 편이다. 또한 민영방송형 국제방송에 비해서도 공익을 추구한다는 측면에서 우호적인 이미지가 있는 편으로, 대표적으로는 영국의 BBC 월드 뉴스(BBC World News), 일본의 NHK 월드(NHK World)가 있다.

민영방송형 국제방송은 자국의 뉴스와 입장을 전달하는 동시에 광고를 통해 이윤을 추구하는 국제방송이다. 궁극적으로 언론사의 이윤추구라는 최종적 목표를 달성하는 과정으로서 정보 및 엔터테인먼트 콘텐츠의 생산과 유통을 하게 된다. 민영방송형 국제방송은 공공외교와 직접적인 관계가 있다기보다는, 언론사의 이윤추구와 국익이 분리되기 힘든 경우가 많은 만큼 자발적으로 이에 기여하는 동인을 갖게 된다. 그럼에도 불구하고 국가나 정부 재원으로부터 독립적이라는 점에서 국제방송이 프로파간다를 전파한다는 오명으로부터 가장 자유롭다는 장점이 있다. 대표적으로 미국의 CNN 인터내셔널(CNN International), 카타르의 알자지라 잉글리시(Al-Jazeera English)가 있다.

2) 국제방송의 역사

공공외교 수단으로서의 국제방송의 태동은 20세기 초반으로 거슬러 올라간다. 1920년대 유럽 국가들이 당시로서는 새로운 기술인 전파 기술을 활용해 국제 라디오 방송을 앞다투어 시작했던 것에서 그 기원을 찾을 수 있다. 그로부터 약 100여 년간 발전해 온 국제방송의 역사, 그리고 그러한 국제방송을 적극적으로 활용해 왔던 미디어 공공외교의 역사에 대해서 김동률, 김성해, 김헌식은 시기, 목적, 핵심주체, 주요 미디어, 목표 수용자, 대외정책과의 관련성과 같은 구분을 중심으로 하여 크게 도구주의(instrumentalism) 패러다임, 문화주의(culturalism) 패러다임, 전문주의(professionalism) 패러다임으로 구분해 설명한다(김동률 외, 2013: 10).

도구주의 패러다임은 1920년대에서 1960년대까지 라디오와 영화 같은 레거시 미디어(legacy media)가 등장하고 활발히 이용되던 시기와

표 7-1 도구주의 패러다임

구분	세부 내용
시기	1920년대~1960년대
목적	전략적 국가이익(식민지 정책, 이데올로기 대결, 심리전 승리)
핵심 주체	군대, 정보국, 선전국 등
주요 미디어	라디오 방송, 다큐멘터리 영화
목표 수용자	적대국 공중
대외정책과의 관련성	종속적

자료: 김동률 외(2013: 10) 재구성.

맞물린다. 이 시기는 미디어가 공공외교에 활용되던 초창기인데, 이 당시 공공외교의 주요 목적은 식민지 영토에 본국의 정책을 쉽게 이식하는 것, 전쟁 중 심리전(PSYOP: psychological operations)을 통해 상대의 전열을 흔들어놓는 것, 전쟁 이후 냉전 이데올로기 대결에서 승리하는 것이었다. 장기적인 목표보다는 단기적인 대외정책에 종속되어 전략적인 국익을 도모하는 도구로 미디어가 활용된 경우이다. 따라서 주로 정부나 군대의 정보국, 선전국 등에서 주도하여 적대국의 대중을 타깃으로 한 라디오 방송, 다큐멘터리 영화가 주를 이루었다.

특히 20세기 초반부터 사용되었던 라디오 방송은 국경을 자유롭게 넘는 전파를 이용한다는 점에서 상대국 공중에게 직접적으로 다가갈 수 있는 중요한 수단이었다. 이에 영국·미국·프랑스·러시아 등 주요 강대국들은 앞다퉈 국제 라디오 방송국을 개국했다. 1929년 소련의 모스크바 라디오(Radio Moscow), 1931년 프랑스의 식민지 우편(Le Poste colonial), 1932년 영국의 BBC 제국 서비스(BBC Empire Sevice), 미국의 1942년 미국의 소리(Voice of America)와 1949년 라디오 자유유

표 7-2 문화주의 패러다임

구분	세부 내용
시기	1960~1990년대
목적	장기적 국가이익(우호적 여론 형성, 연대세력 확보)
핵심 주체	외교부, 문화부 등
주요 미디어	라디오, 텔레비전 방송(문화교류, 문화상품 전파)
목표 수용자	이해관계국의 엘리트 및 일반 공중
대외정책과의 관련성	자율적

자료: 김동률 외(2013: 15) 재구성.

럽(Radio Free Europe/Radio Liberty) 등이 대표적이다. 이 밖에도 1917년 미국에서는 전쟁에 대한 라틴아메리카 대중의 지지를 얻기 위해 정부·기업이 공동 광고를 제작하기도 했다(김동률 외, 2013: 13).

1960년대부터 1990년대까지 미디어 공공외교는 미디어를 통해 일방적으로 정보 전달을 하는 것에 머무는 것이 아니라 더 폭넓게 문화를 공유하고 이해하는 방식으로 확장·변화하게 되는데, 이 시기를 김동률, 김성해, 김헌식은 문화주의 패러다임으로 구분한다(김동률 외, 2013: 15). 문화주의 패러다임 시기에 미디어 공공외교가 좀 더 장기적인 목적에 기여하게 되면서, 공공외교는 외교부 혹은 문화부 등의 주도하에 좀 더 체계적으로 이뤄진다. 이해관계국 여론 주도층과 일반 공중을 대상으로 우호적인 관계를 맺기 위해, 미디어를 통해 문화를 교류하고 문화상품을 전파하는 방식이 모색된다.

앞선 도구주의 패러다임 시기의 미디어 공공외교가 다소 프로파간다적 특징을 보이는 것에 비해 문화주의 패러다임 시기에는 정보 전달을 넘어서 영화·드라마·음악 등으로 전파하는 콘텐츠의 종류와 유형이 늘어나게 된다. 더불어 직접적인 정책 홍보와 설명보다는 문화, 특히 대중문화라는 형식을 통해 더욱 자연스럽게 공감대와 우호적 감정을 형성할 수 있게 된다. 미국 할리우드 영화의 전 세계적 확산, 미국 미디어 기업의 급속한 성장은 제3세계로부터 문화 종속, 문화제국주의라는 비판을 불러일으키기도 했지만, 미디어 공공외교 차원에서 미디어를 통한 문화 전파의 힘을 증명하는 계기가 되기도 했다.

라디오 국제방송이 여전히 존재했지만 텔레비전이 주도하는 미디어 환경은 미디어 공공외교의 전경도 바꿔놓았다. 프랑스는 프랑스어 사용 국가들과 함께 위성기술을 활용해 테베 생크 몽드를 개국하여 프랑스어와 프랑스 문화콘텐츠 확산을 주도했다. 또 CNN 인터내셔널이 이 시기에 개국하여 중국의 천안문 사태, 걸프전 등을 주도적으로 보도하면서 국제적인 차원의 텔레비전 방송의 중요성이 한층 주목받게 되었다. 이 시기 영국, 독일, 일본도 기존의 라디오 국제방송을 대대적으로 확대하여 영국은 BBC 월드 뉴스, 독일은 DW-TV, 일본은 NHK 월드를 차례로 개국한다.

아울러 이 시기에 각국은 자국에 우호적인 관점을 바탕으로 정확하고 공정한 정보가 생산될 수 있도록 외신 센터를 마련했고, 언론인 교류 프로그램 등도 자리를 잡게 되었다. 공공외교 선진국인 미국은 1961년 외신센터(Foreign Press Center)를 설립했고, 일본 역시 1976년 유사한 성격의 외신센터(Foreign Press Center Japan)를 설립했다. 일본의 외신센터에서는 외신 취재 지원 및 해외 언론인 초청 사업 등을 주로 담당했으며, 독일 역시 1960년대부터 독일문화원이나 국제저널리즘 연구원 등을 통해서 해외 언론인을 자국으로 초청해 언론 교류 활동을 운영해 온 것으로 알려져 있다(김동률 외, 2013: 17~18).

표 7-3 전문주의 패러다임

구분	세부 내용
시기	2000년대~현재
목적	대승적 국가이익(공감과 동의, 담론 경쟁, 정책 경쟁)
핵심 주체	외교부, 문화부, 공영 언론사, 민간기업 등
주요 미디어	라디오, 텔레비전 방송, 인터넷
목표 수용자	국제사회 여론 주도층
대외정책과의 관련성	자율성 및 독립성 확대

자료: 김동률 외(2013: 20) 재구성.

이와 같은 미디어 공공외교는 2000년대로 넘어오면서 다시 한번 커다란 변화를 맞이하게 된다. 과거 냉전시대 이념 전쟁과 진영 논리가 막을 내리면서 각 국가의 개별적 이해관계가 중시되기 시작했다. 국제관계에서 행위자가 한층 다변화되고 세계화를 넘어서는 글로벌화가 빠르게 진행되면서 이와 관계된 개별 국가의 이해관계는 더욱 복잡해졌다. 이처럼 국제적 수준의 다양한 의제에서 주도권을 갖기 위한 각축 과정에서 냉전시대의 군사력, 경제력을 기반으로 한 국가안보를 넘어서는 연성권력의 필요성이 부각되었다. 여기에 2001년에 일어난 9·11 테러사건과 이를 둘러싼 국제여론전은 여론 주도와 담론 경쟁의 중요성을 세계에 인식시키는 계기가 되었다.

이에 따라 미디어 공공외교는 전문성을 바탕으로 한 전략적 커뮤니케이션 공공외교로 방향을 전환하게 되었다. 이 시기를 김동률을 비롯한 연구자들은 전문주의 패러다임이라고 명명한다(김동률 외, 2013: 20). 이 시기의 공공외교와 관련해 미디어의 역할은 국가이익에 머물지 않고 국제사회를 겨냥한 글로벌 이슈 관련 의제 설정과 여론 주도로 확대된다. 국제방송의 목적은 자국의 정책을 설명하고 전달하는 역할을 넘어서서, 저널리즘이라는 전문성을 바탕으로 국제적 이슈에 관한 발 빠른 정보 생산, 여론 형성을 통해 국제사회의 의사결정과 문제해결에 기여함으로써 국가 이익의 도모는 물론이고 인류 공동체의 발전에 기여하는 것이다(김동률 외, 2013: 19~20).

이때부터 국제방송은 글로벌 뉴스 채널 중심으로 재편되고, 공정하고 정확한 양질의 정보 생산이라는 저널리즘의 원칙을 내세우기 시작한다. 기존의 국제방송은 물론이고 프랑스의 프랑스24, 카타르의 알자지라 잉글리시, 라틴아메리카 지역의 텔레수르(Telesur), 러시아의 러시아 투데이, 이란의 프레스 TV(Press TV), 중국의 중국국제텔레비전 등이 2000년 이후 국제 담론 경쟁에 가세했다. 실질적으로 국가의 관여에 대한 부분은 다소 논쟁의 여지가 있지만 이 글로벌 채널들은 국가로부터 기존보다 더욱 독립된 언론기관으로서의 역할이 강조되고 있다. 이들은 좀 더 정확한 정보를 바탕으로 논리적이고 설득력 있는 담론을 생산함으로써 국제사회 여론 주도층을 합리적으로 설득해 국가가 주도하는 의제와 입장에 공감하도록 하여 신뢰에 기반한 우호적 관계를 형성하는 데 주력한다.

3) 세계의 주요 국제방송

미국의 소리(Voice of America, 이하 VOA)는 1942년 미국에서 설립한 국제방송으로서, 제2차 세계대전 중 개국해 독일어 방송을 시작으로 현재 40여 개 언어로 방송되고 있다. VOA는 가장 대표적인 국영방송 형태의 국제방송으로서, 공보처 산하에서 운영되다가 1999년 기존 공보처의 역할이 축소되고 국무부로 편입되면서 국제방송을 담당하는 기관인 BBG 소속 방송사가 되었다. VOA는 냉전시대 공산진영을 상대로 자유진영에 대한 정보를 제공하고 문화를 전파하고 동유럽의 민주화를 지지하는 역할을 해왔다. 그리고 냉전 종식 이후에는 글로벌 테러에 맞서고 국제적 이슈를 미국적 시각에서 전 세계 대중에게 전달하는 역할을 담당하고 있다.•

BBC 월드뉴스(BBC World News)는 영국의 공영방송 BBC가 1991년에 설립한 글로벌 뉴스 전문 텔레비전 채널이다. 영국은 1932년 'BBC 제국 서비스'로 라디오 국제방송을 시작했고 이후 BBC 월드 서비스(BBC World Service)로 명칭을 바꿔 지금까지 20여 개 외국어로 서비스를 하고 있는데, 미국의 CNN 인터내셔널에 대응하기 위한 텔레비전 뉴스 채널을 만든 것이 BBC 월드 뉴스다.•• BBC는 세계적인 공영방송임에도 불구하고 BBC 월드 뉴스는 민영방송사처럼 수신료가 아닌 광고 수입으로 운영된다. 이는 1990년대 영국의 공영방송 개혁으로 국내 서비스를 제외한 나머지 부문을 모두 민영방송사의 수익모델로 전환한 정책에 따른 것이다.•••

중국국제텔레비전(CGTN)은 국영방송인 중국중앙텔레비전(CCTV: China Central Television)의 국제방송채널이다. 2016년 CCTV-9을 비롯해 기존에 있던 CCTV의 외국어 전 채널들을 별도로 분리해 통합하

• VOA, https://www.insidevoa.com/p/5831.html.

•• BBC World News, https://www.bbc.com/news/world-radio-and-tv-12957296 .

••• 단, 라디오 국제방송인 BBC World Service는 해외 서비스임에도 불구하고 여전히 구식민지 지역을 중심으로 방송하면서 국내 서비스와 동일하게 수신료로 운영된다.

면서 여섯 개의 채널을 가진 CGTN 방송사로 새로이 출범했다. 국영방송형 국제방송으로서 CGTN은 중국의 시각에서 세계 뉴스를 전달한다. 특히 2012년 아프리카에 CGTN 채널의 방송을 용이하게 하고 아프리카 뉴스에 집중할 수 있도록 나이로비에 CGTN 아프리카 지사를 설립해 운영하고 있다. CGTN 아프리카(CGTN Africa)는 '아프리카 라이브(Africa Live)', '페이시스 오브 아프리카(Faces of Africa)'와 같은 자체 프로그램도 제작하여 영어로 전 세계에 아프리카 뉴스를 송출하기도 한다.•

프랑스 24(France 24)는 영미권 주도의 여론 경쟁에 위기의식을 느낀 프랑스가 2006년 '프랑스의 CNN'을 표방하면서 당시 공영방송사인 프랑스 텔레비지옹과 민영방송사인 TF1이 공동 출자를 통해 설립한 다국어 글로벌 뉴스 전문 채널이다. 현재는 2008년 해외방송 채널 개혁 이후 프랑스 정부가 지분을 모두 인수해 국영방송 글로벌 뉴스 채널로 재탄생했다. 이 당시 프랑스 정부는 프랑스 메디아 몽드(France Medias Monde)라는 해외방송 법인을 설립하고 프랑스 24를 비롯해 기존에 프랑스가 소유하고 있던 라디오 프랑스 인터내셔널(Radio France International)을 함께 운영하도록 하여 일관된 미디어 공공외교를 실시할 수 있도록 조직을 정비했다.••

알자지라 잉글리시(Al-Jazeera English)는 1996년 개국한 카타르의 방송사인 알자지라가 2006년 출범시킨 글로벌 뉴스 전문 채널이다. 알자지라는 원래 BBC가 운영하던 BBC 아라빅(BBC Arabic)이 문을 닫

• CGTN, https://www.cgtn.com/.
•• France 24, https://www.france24.com/en/about-us.

게 되자 카타르 국왕이 사재를 들여 새로 개국한 민영방송형 국제방송이다. 알자지라 잉글리시는 중동 지역 차원에서 아랍권 대중에게 전통적인 터부를 깨는 메시지를 전달하는 등의 역할을 하고 있으며, 아랍권의 관점으로 국제 뉴스를 전 세계 외국 대중에게 전달하는 역할을 한다. 특히 2001년 9·11 테러사건 이후, 영미권이 주도하던 글로벌 뉴스 시장에서 급부상하면서 영미권과 다른 시각이 존재한다는 것을 강력히 보여주었다.*

도이체벨레(Deutsch Welle)는 1953년 설립된 독일의 공영 국제방송이다. 라디오 국제방송으로 시작하여 오늘날 텔레비전, 인터넷으로 서비스하고 있다. 라디오 방송은 30개 언어로 서비스되고 텔레비전 방송은 영어, 독일어, 스페인어, 아랍어로 서비스된다. 독일의 공영방송사 ARD와 콘텐츠 제휴를 하고 있다.** 러시아 투데이(RT: Russia Today)는 2005년 개국한 러시아 국제방송으로 러시아 정부가 재원을 투여해 설립했고 국가 예산이 배정되는 국영방송형 글로벌 뉴스 전문 채널이다. 워싱턴, 러시아, 파리에 각각 RT 아메리카(RT America), RT 영국(RT UK), RT 프랑스(RT France)를 두고 러시아 관점의 국제 뉴스를 생산하고 있다.***

CNN 인터내셔널(CNN International)은 워너 미디어 그룹의 민영방송인 CNN의 국제방송 뉴스 전문 채널로 1985년 개국했다. 영어로 뉴스 서비스를 제공하고 있으며 명실공히 세계 최대 글로벌 뉴스 전문

* Al-Jazeera English, https://www.aljazeera.com/.
** DW, https://www.dw.com/.
*** Russia Today, https://www.rt.com/.

채널이다. CNN이 여론 형성을 통해 국내외 정책에 대해 미치는 영향력을 지칭하기 위해 'CNN 효과'라는 표현이 만들어지기도 했다. 민영방송인 만큼 광고와 콘텐츠 판매가 주요 수익모델이다. 전 세계 200여 개국에 위성을 통해 송출되고, 인터넷·모바일을 통해 디지털 서비스도 제공하고 있다. 애틀랜타 본사를 비롯해 전 세계 주요 도시인 런던, 뉴델리, 아부다비, 홍콩에 지역국을 운영하고 있고, 지역국 이외에도 40여 개의 지사를 운영한다.*

NHK 월드(NHK World)는 일본방송협회가 운영하는 공영방송사 NHK의 국제방송으로, 라디오 채널, 텔레비전 뉴스 채널, 종합 편성 채널을 운영한다. 일본은 아시아 국가들 중 국제방송을 가장 먼저 시작한 나라로서, 1935년 단파 라디오 국제방송을 시작한 바 있다. 제2차 세계대전 패전 이후 미국에 의해 국제방송이 일시 중단되었다가 1952년 다시 라디오 국제방송을 시작했고 이것이 NHK 월드 라디오(NHK World Radio)로 이어져 오고 있다. 1998년 텔레비전 뉴스 채널이 출범해 텔레비전 국제방송 NHK 월드 텔레비전(NHK World Television) 방송을 시작했고, 2006년 일본 문화의 전파와 프로그램 판매를 위해 엔터테인먼트 콘텐츠를 포함한 종합 편성 채널인 NHK 월드 프리미엄(NHK World Premium)을 시작했다.**

테베 생크 몽드(TV5Monde)는 1984년에 프랑스·벨기에·스위스·캐나다 등 프랑스어를 사용하는 국가들의 국영 및 공영방송사들이 합작해서 설립한 국제방송 종합 편성 채널이다. 프랑스 언어와 문화의 전

* CNN, https://www.cnn.com/.
** NHK World, https://www3.nhk.or.jp/nhkworld/.

세계로의 확대를 목표로 하며, 뉴스 및 정보 프로그램뿐만 아니라 다큐멘터리·음악·요리 등 문화 프로그램, 프랑스어 학습 프로그램 등이 편성되어 있어, 프랑스 구식민지 국가들은 물론 전 세계 국가들에서 불어를 배우는 사람들도 방송의 주 대상임을 명확히 하고 있다. 프랑스가 지분과 예산의 70% 정도를 담당하고 있지만 한 국가의 공공외교가 아니라 프랑스어권 국가들의 공공외교에 기여하는 국제방송이라는 점에서 다른 국제방송들과는 다른 특성이 있다.•

4) 한국의 국제방송

한국의 국제방송은 1953년 8월 15일 '자유 대한의 소리(Voice Free of Korea)'라는 영어 라디오 방송이 첫 전파를 타면서 시작되었다. 이후, 일본어·한국어·프랑스어·러시아어·중국어·스페인어 등으로 점차 서비스 언어를 확대하면서 한국을 알리는 대외 홍보 방송 역할을 해왔다. 자유 대한의 소리는 1973년 '라디오 한국(Radio Korea)'으로 명칭을 바꾸고 해외 교민들에게 고국의 소식을 전달하는 역할을 했다. 현재는 공영방송사 KBS가 이어받아 KBS 월드 라디오(KBS World Radio)로 운영하면서, 총 11개 언어로 뉴스와 문화 콘텐츠 중심의 프로그램을 송출하고 있다. KBS는 북한, 일본, 중국 조선족 자치주, 러시아 연해주 거주 한민족을 주 청취 대상으로 하는 KBS 한민족 방송도 운영하고 있다.

텔레비전 국제방송으로는 공영방송사가 운영 중인 KBS 월드

• TV5Monde http://www.tv5monde.com/.

TV(KBS World TV)와 아리랑국제방송(구 한국국제방송교류재단)이 운영하는 아리랑 TV가 있다. KBS 월드 TV는 2003년 개국했다. 현재 세계 117개국에 서비스하고 있으며, 100% 공영방송사의 국내 프로그램에 외국어 자막으로 서비스하는 방식으로 콘텐츠를 제공하고 있다. 해외 교민들을 중심으로 서비스를 해오다가 해외 시청자들로 목표 수용자를 확대해 엔터테인먼트 프로그램 중심으로 서비스하면서 한류문화 전파에 큰 역할을 하고 있다. 한편 아리랑 TV는 1997년 개국했다. 전 세계 100여개 국가의 약 1억 3000만 시청 가구를 확보하며 국내 거주 외국인과 해외 시청자들을 겨냥해 서비스하고 있다.

3. 인터넷과 공공외교

인터넷, 스마트기기, 인공지능 등 다양한 디지털 기술의 발전은 공공외교에도 변화를 초래했다. 인터넷 기술이 발전하고 사용자가 급격히 증가함에 따라 공공외교에서 인터넷 기술 활용의 중요성은 점차 강조되어 왔다. 특히, 디지털 네이티브(digital native) 세대의 등장으로 앞으로 인터넷 기술을 활용한 공공외교의 중요성은 더욱 높아질 것으로 전망된다. 기술적으로도 국가권력 기관이 손쉽게 차단할 수 있는 국제방송과는 달리 인터넷 기술을 바탕으로 한 커뮤니케이션 미디어의 사용은 국가권력에 의한 완벽한 통제가 사실상 불가능하다.• 이러한

• 2002년 쿠바가 미국의 VOA 수신을 통제했던 사례, 이라크가 미국의 라디오 사와(Radio Sawa)를 통제한 사례, 2011년 '아랍의 봄'이라고 불리는 이집트혁명 시

측면에서도 여러 국가가 공공외교에서 인터넷 미디어를 활용하는 일에 관심을 보이는 것은 당연하다 할 수 있다. 특히 인터넷이 대표하는 디지털 기술은 공공외교를 신공공외교로 도약하게 하는 중요한 조건이 되기도 했다.

1) 디지털외교의 정의

디지털외교(digital diplomacy)는 일반적으로 외교적 목적을 달성하기 위해서 인터넷과 새로운 정보통신 기술들을 활용하는 것을 의미한다. 사이버외교(cyber diplomacy), 전자외교(e-diplomacy), 네트워크외교(net-diplomacy), 가상외교(virtual diplomacy) 등의 용어가 디지털외교와 비슷한 의미로 사용되기도 한다. 디지털외교는 크게 두 가지 정도로 그 개념을 구분할 수 있다. 첫 번째는 커뮤니케이션 도구적인 관점에서 디지털 미디어를 공공외교에 활용하는 것을 의미한다. 두 번째는 첫 번째보다는 외교적 차원의 이슈로서, 디지털 기술이나 기술과 관련된 어젠다나 이슈를 다루는 외교를 의미한다. 커뮤니케이션 도구로서 공공외교에 사용되는 디지털 미디어에 초점을 맞춘 첫 번째 정의에서는 디지털외교를 공공외교 중 일부로 여긴다. 이에 비해 두 번째 정의에서 디지털외교는 공공외교의 범위를 넘어서는 이슈를 포함하고 있다.

호킹과 멜리슨(Hocking and Melissen, 2015)은 디지털외교에 대해 네

기 이집트 정부가 알자지라 채널을 통제했던 사례, 2014년 러시아가 BBC의 시베리아 지역 독립운동가 인터뷰 방송과 관련해 BBC 채널 방송을 통제하겠다고 위협한 사례 등 수많은 방송 통제 사례가 있었다. 반면 '아랍의 봄' 국면에 인터넷이 차단되지 못하면서 '페이스북'을 통해 운동이 확산된 바 있었다.

트워크에 적합한 조직을 통하여 외국의 정책 어젠다를 바꿔내는 것, 인터넷 자유·인터넷 거버넌스·사이버 보안과 같은 의제를 다루는 것, 빅데이터를 포함해 효과적으로 데이터를 관리하는 지식 관리의 차원, 영사 업무와 위기관리 등에서 디지털 자원을 활용하는 것 등이 포함된다고 설명한다.

이 설명에서도 디지털외교는 디지털 기술, 기기를 외교 행위에 활용하는 것과 외교에서 다뤄지는 이슈로서 디지털 관련 문제에 접근하는 것으로 나뉜다. 후자의 경우에도 공공외교에서 중요한 이슈가 될 수 있지만, 호킹과 멜리슨(Hocking and Melissen, 2015)은 이것이 공공외교의 범위를 넘어선다고 본다. 이러한 논의들에 기반하여 미디어 공공외교의 일부로서 디지털 미디어를 공공외교에 활용하는 경우를 디지털 공공외교라고 정의할 수 있다.

새로운 정보통신과 커뮤니케이션 기술들을 활용한다는 점에서 디지털 공공외교는 기술의 발전과 밀접할 수밖에 없다. 인터넷을 비롯한 디지털 정보와 커뮤니케이션 기술은 네트워크 방식으로 발전했고 그 결과 기존의 봉건적 형태의 매스커뮤니케이션을 변화시켰다. 디지털 기술이 추구하는 네트워크 방식의 커뮤니케이션은 양방향성으로 대변되면서 국가와 레거시 미디어가 독점했던 정보와 커뮤니케이션의 흐름을 바꿔놓았다. 2010년 위키리크스(WikiLeaks) 사례는 이를 잘 드러낸다.

오늘날 디지털 미디어는 공공외교의 주체로 하여금 과거 레거시 미디어들이 그러했듯이 수많은 사람들에게 다다를 수 있게 하는 수단이다. 웹 기술이나 디지털 기술이 처음부터 공공외교에 변화를 가져온 것은 아니다. 1990년대 월드와이드웹(world wide web)이 대중화되기 시작하면서 디지털 기술이 공공외교에서도 조금씩 활용되기 시작했지만 중앙에서 정보를 제공하는 일방향적인 커뮤니케이션 방식을 단숨에 바꿔놓지는 못했다. 그보다는 공공외교에 활용되고 있던 매스미디어를 보충하는 역할을 담당했다. 예컨대 미국의 소리 웹페이지에서 이미 방송된 콘텐츠 서비스를 제공하여 온라인에서 다시 이용할 수 있도록 하는 정도였다. 디지털 미디어를 레거시 미디어처럼 사용했던 것이다.

인터넷 기술이 공공외교의 수단으로 적극 고려되기 시작한 것은 2001년 9·11 테러사건 이후였다(Cull, 2011). 사용자 중심의 웹 2.0 시대의 개막으로 정보의 흐름은 가늠하기 어려울 정도로 다양하게 이뤄졌다. 디지털 기술과 웹 2.0 시대는 지리적 장벽을 없애고 누구나 사이버공간에서 자신의 세상을 구축할 수 있도록 했다. 이는 '나와 같은 이웃(someone like me)'에 대한 신뢰를 바탕으로 공공외교를 진행할 수 있도록 했지만 공공외교를 주도하는 정부 입장에서는 오해가 발생하는 것을 통제하거나 개입하기 어렵게 하는 문제가 되기도 했다(Cull, 2011). 결국 디지털 기술은 공공외교에서 정부가 주체가 되는 공공외교에서 이른바 '공공외교 2.0(Public Diplomacy 2.0), 혹은 '신공공외교(New Public Diplomacy)'로 이동하게 되는 계기가 되었다고 볼 수 있다.

2) 디지털 공공외교의 현황

디지털 공공외교에서 가장 보편적이고 쉽게 활용되고 있는 것이 소셜미디어다. 오늘날 소셜네트워크 사용자 수가 24억 8000만 명에 이르는 것으로 조사되고 있는데, 이러한 환경에서 소셜미디어는 커뮤니케이션적인 측면에서 레거시 미디어와 비교해도 다수의 다양한 공중에게 직접적으로 다가갈 수 있는 효과적인 커뮤니케이션 수단이 된다는 점에서 공공외교 영역에서 적극적으로 활용될 수 있다.•

(1) 디지털 공공외교 사례: 미국

공공외교의 선도국인 미국은 디지털 공공외교에서도 가장 빠른 행보를 보여주었다. 힐러리 클린턴(Hillary Clinton)은 국무장관 시절 '21세기 치국술(21st Century Statecraft)'로서 전통적인 외교정책을 보완할 수 있도록 네트워크, 기술 등을 적극적으로 활용하는 전자외교를 제안한 바 있다. 이에 힘입어 2007년부터 국무부 공식 블로그 DipNote가 공공외교 프로그램으로서 활용되면서 온라인상에서 적극적인 정보 제공자 역할을 해왔으며, 지금까지도 대표적인 디지털 공공외교 성공 사례로 회자되고 있다.

버철 스튜던트 페더럴 서비스(Virtual Student Federal Service, 구 Virtual Student Foreign Service) 역시 '21세기 치국술'의 틀 안에서 진행된 프로그램으로 대표적인 디지털 공공외교 사례로 꼽힌다. 미국과 해외에 거주하는 미국 국적의 대학생들이 약 33개 미연방 기관에서 인턴으로서 외교 활동을 하는 것이다. 대학생들의 인턴 활동은 모두 온라인상에서 이뤄진다. 블로그를 만들고 전자저널을 발행하는 일, 연구 보고서에 참여하는 등의 활동을 통해 이들은 2009년부터 디지털 세상의 경제·환경·인권·뉴미디어 등의 분야에서 미국의 국가 이미지를 높이는 역할을 하고 있다.••

• https://www.statista.com/topics/1164/social-networks/.

•• VSFS, https://vsfs.state.gov/.

SNS의 등장은 디지털 공공외교를 본격적인 궤도에 올려놓았다. 특히 '친구 맺기', '좋아요'와 같이 가시적으로 성공 여부를 지표화 하는 SNS는 더욱 적극적으로 활용되었다. 텍스트·이미지·동영상 등 다양한 콘텐츠 포맷을 제공할 수 있다는 점도 장점이다. 국무부의 교육문화국(The Bureau of Educational and Cultural Affairs)은 2009~2010년에 NBS 방송사, USC 애넌버그 스쿨, 미국 모션픽쳐 협회 등 방송사·협회·대학 등과 함께 동영상 스트리밍 플랫폼 유튜브(Youtube)에서 '민주주의'라는 주제로 동영상 경연대회를 실시했고 전 세계 111개국의 1600여명의 젊은이들이 참여하는 성공을 거두었다.*

미 국무부는 중동 지역을 겨냥한 디지털 공공외교를 위해 소셜미디어를 활용한 디지털 아웃리치팀(DOT: digital outreach team)을 운영하고 있다. DOT는 온라인 극단주의들에게 대응하기 위해 2006년 시작되었다. 2009년부터는 아랍권 시민들이 적극적으로 활동하는 페이스북 페이지를 만들어 미국의 외교정책, 미국 사회의 문화적 측면들에 관한 정보를 아랍권에 그들의 언어로 제공하고 설명하는 활동을 해왔다(Al-Rawi, 2020).

오바마 전 대통령과 트럼프 대통령은 스스로 트위터를 통해 해외 대중과 직접 소통하는 것을 선호한다. 특히, 오바마 전 대통령의 소셜미디어 계정은 수많은 팔로워들과 연결되어 그 자체가 디지털 공공외교의 중요 자산이 되었다. 공중과의 직접 소통의 중요성을 강조

* Bureau of Educational and Cultural Affairs, https://www.state.gov/bureaus-offices/under-secretary-for-public-diplomacy-and-public-affairs/ bureau-of-educational-and-cultural-affairs/.

하는 오바마 행정부의 공공외교 전략에도 이와 같은 특징이 반영되었다. 예컨대 2010년 대테러 전략 커뮤니케이션 센터(Center for Strategic Counterterrorism Communication)를 설립하고 공공외교와 관련해 국무부의 역할을 강조했다.

반면, 트럼프 행정부는 미국 우선주의(America First)가 외교정책에도 반영되면서 이전 정부의 프로그램이 대부분 폐기되고 국무부의 역할도 대폭 줄어들었다. 트럼프의 개인 트위터 활용에 대해서도 부정적 영향이 나타나면서 소셜미디어를 활용한 디지털외교의 문제점이 제기되기도 했다. 트위터는 단문 메시지로 짧은 시간에 많은 사람들과 커뮤니케이션할 수 있다는 장점이 있다. 문제는 공무원, 정치인의 경우 트위터가 개인적 커뮤니케이션 수단과 공적 커뮤니케이션 수단으로 이중적 역할을 할 수 있다는 점이고 공공외교를 주도하는 정부 입장에서는 이러한 이중적 역할이 때로 충돌하면서 발생하는 문제를 통제하기 어렵다는 고충이 있다.

(2) 디지털 공공외교 사례: 프랑스

프랑스에서 디지털 공공외교는 공공외교 차원에서 디지털 커뮤니케이션 수단을 활용해 외교적 영향력을 행사하는 것을 의미한다. 프랑스의 공공외교가 언어와 문화 전파에 초점을 맞추고 있는바, 이를 전파하는 정책의 새로운 핵심 수단인 동시에 국내외 공중에게 프랑스 외교부의 정책을 알리는 디지털 커뮤니케이션 수단이기도 하다.

프랑스는 디지털 공공외교에 가장 적극적인 국가 중 하나다. 프랑스 외교부는 1995년 온라인 사이트를 가장 먼저 개설했고, 2008~2009년에는 프랑스 부처 중 최초로 소셜네트워크 서비스도 시작했다.

프랑스 외교부는 프랑스어·독일어·영어·아랍어·스페인어·러시아어 등 총 6개 언어로 외교부 웹사이트를 운영하고 있으며 트위터 역시 같은 6개 언어로 소식을 전하고 있다. 현재 각국에 파견된 대사들이 운영하는 트위터 계정이 95개이며, 외교부 트위터의 팔로워 수는 110만 명에 이른다.

외교부는 프랑스어·영어·아랍어 페이스북 계정이 있는데 팔로워 수가 46만 명 수준이다. 이 밖에도 링크드인, 인스타그램, 유튜브 등 다른 소셜미디어도 적극적으로 활용 중이다. 이뿐만 아니라 외국인 관광객들을 위한 애플리케이션도 외교부 주도하에 제작하여 운영 중이다.• 외교부는 외교부 및 외교관들이 공식적이든 비공식적인 개인 계정이든 더욱 영리하고 책임감 있게 소셜미디어를 활용할 수 있도록 소셜미디어 사용 헌장, 매뉴얼 제작을 비롯해 관련 교육 프로그램도 운영하고 있다(Gavard, 2016).

(3) 디지털 공공외교의 함의

디지털 기술이 공공외교에서 갖는 힘은 디지털 기술이 바꿔놓은 커뮤니케이션 방식에 있다. 디지털 기술은 레거시 미디어의 봉건적 커뮤니케이션 형식에 균열을 가져왔다. 국가와 매스미디어 기관이 정보를 독점하고 일방향적으로 제공하는 환경과 달리 네트워크 안에서 양방향으로 정보가 흐를 수 있는 환경에서는 개인이 커뮤니케이션 파워를 가질 수 있다. 이는 공공외교의 맥락에서 볼 때, 공식적 외교 주

• Diplomatie numérique https://www.diplomatie.gouv.fr/fr/politique-etrangere-de-la-france/diplomatie-numerique/

체로서 정부가 디지털 미디어를 활용하는 수준을 넘어서서 기업이나 국민 개개인이 외교 주체로서 역할을 할 수 있는 가능성을 시사하는 것이고, 이 지점에서 디지털 공공외교가 이전의 매스미디어 공공외교를 넘어서는 의미를 갖는 것이라 할 수 있다.

보다 진보한 기술인 인터넷과 디지털 미디어를 레거시 미디어처럼 사용할 수도 있다. 실제로 2000년대 초반까지 인터넷 미디어는 공공외교에서 그와 같이 사용되었는데, 이는 디지털 기술의 상호작용성을 전혀 활용하지 못한다는 측면에서 진정으로 디지털 기술을 활용한 공공외교라고 보기 어렵다. 새로운 디지털 기술의 네트워크와 신뢰 구축 메커니즘, 상호작용성 등을 활용할 때 비로소 진정한 디지털 공공외교라 할 수 있는 것이다.

이러한 점에서 컬(Cull, 2011)은 디지털 미디어를 공공외교에 활용하는 데 '듣기(listing)'와 현실성의 중요성을 강조했다. 즉, 디지털 공공외교가 만병통치약이 되어 잘못된 외교를 되돌릴 수 있는 것이라고 생각하면 안 된다고 주장하면서 디지털 미디어를 통해 만들어지는 신뢰라는 것은 상대의 관심사에 맞추고 진정으로 대화의 장에 들어갈 때 가능한 것이라고 말한다.

참고문헌

김동률 외. 2013.「미디어를 활용한 공공외교 활성화 방안 연구」. 외교부 연구용역 과제 보고서.

이진로. 2014.『국제방송의 역사와 유형』. 커뮤니케이션북스.

Albishri, O., S. Tarasevich, P. Proverbs, S. K. Kiousis and A. Alahmari. 2019. "Mediated public diplomacy in the digital age: Exploring the Saudi and the US governments' agenda-building during Trump's visit to the Middle East." *Public Relations Review*, 45(4). https://doi.org/10.1016/j.pubrev.2019.101820

Al-Rawi, A. 2020. "US public diplomacy in the Middle East and the Digital Outreach Team." *Place Branding and Public Diplomacy*, 16(1), pp.18~24.

Browne, D. R. 1982. *Internaional Radio Broadcasting-The Limits of the Limitless Medium*. New York: Westport.

Cull, N. J. 2011. "WikiLeaks, public diplomacy 2.0 and the state of digital public diplomacy." *Place Brand and Public Diplomacy,* 7, pp.1~8.

Gavard, A. 2016. "La diplomatie s'empare des réseaux sociaux." *Revue Politique et Parlementaire*. https://www.revuepolitique.fr/diplomatie-empare-eseaux-sociaux/.

Gilboa, E. 2000. "Mass communication and diplomacy: A theoretical framework." *Communication Theory,* 10(3), pp.275~309.

Gilboa, E. 2001. "Diplomacy in the media age: Three models of uses and effects." *Diplomacy and Statecraft,* 12(2), pp.1~28.

Hocking, B. and J. Melissen. 2015. *Diplomacy in the Digital Age*. Clingendael: Netherlands Institute of International Relations.

8장

브랜딩 공공외교

1. 국가 브랜드와 공공외교

국가 브랜드(national brand)는 "문화, 정치, 산업, 관광, 투자, 국민 등 한 국가의 경쟁력에 대해 사람들이 갖는 인식의 총체"로 정의된다(Anholt, 2005: 296~297). 국가 브랜드는 마케팅과 커뮤니케이션학이 발전해 온 학술적 궤적 위에서 논의되기 시작했는데, 특히 영국의 전략 컨설턴트인 사이먼 아놀트(Simon Anholt)가 국제사회에서의 국가적 명성과 긍정적 이미지를 만들어내기 위해 수행하는 일련의 활동을 국가 브랜딩(nation branding)으로 지칭하면서 이 용어가 대중화되기 시작했다. 그리고 아놀트와 비슷한 시기에 영국의 디자이너인 월리 올린스(Wally Olins)가 기업 공중관계에서의 경험을 기반으로 영토 브랜딩(territory branding) 혹은 장소 브랜딩이라는 개념을 사용하면서 국가 브랜딩에 대한 논의를 더욱 활성화했다(Olins, 2004).

표 8-1 국가 브랜딩과 공공외교 개념의 공통점과 차이점

	공공외교	국가 브랜딩
목적	정치적 이익 증진	경제적 이익 도모
맥락	정치화되어 초점과 우선순위가 정부에 따라 달라질 수 있음	탈 정치화되어 행위자들과 정치적 당사자들 간 광범위한 합의가 이루어짐 (그러나 어떠한 경우들에서는 정치화될 수 있음)
	정체성	이미지
	국제관계, 문화적 관계에 의해 주도	마케팅, 소비에 의해 주도
목표 대상	공중(public)/적극적인 이해관계자	대중(mass)/수동적인 소비자
	시민	소비자(이미지, 상품, 장소 등)
	지정학적 요충지	모든 나라, 보편적
방향	해외 공중	국내외 공중
정부의 역할	주도적, 메시지 생산 및 통제	정부가 주도적일 수는 있지만 메시지생산이나 통제는 가급적 자제
주요 행위자	국가, 비국가 행위자, 공공기관, 대사관, 문화부, 외무부, 문화원, NGO, 디아스포라 등	관광청, 여행사, 투자회사, 수출기관, 상공회의소, 다국적 기관 등
전략	관계 형성 및 신뢰 구축과 유지	이미지 관리
	본질과 내용을 강조	상징, 시각적 요소 강조
	국가별 전략, 탈중심적 접근, 지역에 따라 적절히 다른 전략과 활동 채택	중앙집중적 접근, 동일한 공중 혹은 전 세계 공중을 대상으로 일관된 브랜드로 접근
	사람과 문화를 연결할 수 있는 긍정적·부정적 요소 모두 강조	해당 국가의 문화와 사람들의 긍정적이고 시장성있는 요소들에만 초점을 맞춤
전술	전시회, 국제 영화제, 교류 프로그램, 외국어 교육, 네트워크, 기념일, 외교부 장관과 정치인들의 해외언론 기고문, 행사 등	로고, 슬로건, 국가 모토 등을 해외방송 채널을 통해 노출, 국제적인 주요 잡지 후원, e-marketing, 포털, 웹포털, 기자초청 팸투어, 브로셔 등
미디어	매스미디어 역할은 정보 제공 및 해석에 초점을 맞추고 상대적으로 덜 중요, 소셜미디어 활용 확대	매스미디어에 높은 의존도, 유료 광고 활용
예산	정부 지출	민관 협력
기간	현재적·지속적	캠페인에 따라 다르게 적용
평가	단기적·중기적·장기적	대체적으로 장기적

자료: Szondi(2008: 17).

그러나 국가 브랜딩의 실질적 태동은 이미 19세기 중반이었다고 보는 시각도 있다. 이 무렵부터 서구의 주요 국가들이 세계박람회를 통해서 국제사회에서의 국가적 명성과 긍정적 이미지를 관리하려는 활동을 수행해 왔다는 것이다(Szondi, 2008에서 재인용). 또한 20세기 중반부터 일부 서구 국가들이 미국 사회에 자국을 알리고 긍정적 이미지를 만드는 캠페인을 수행하기도 했는데 이것을 국가 브랜딩의 시초로 보기도 한다. 대표적인 사례가 리투아니아 국가위원회(LNC: Lithuanian National Council)인데, 당시 LNC는 미국의 공중관계 전문가인 에드워드 버니스(Edward Bernays)에게 의뢰하여 리투아니아에 대한 국가 이미지 캠페인을 전개해서 상당한 성과를 거둔 것으로 알려져 있다(Szondi, 2008에서 재인용).

국가 브랜딩이 해외에서 자국에 대한 긍정적이거나 우호적인 이미지를 구축하고 관리하기 위한 일련의 활동이라는 점에서 공공외교와는 필연적으로 상당히 밀접한 관계를 갖게 된다. 이러한 국가 브랜드와 공공외교의 개념적 관계에 대해 학계와 현장의 전문가들은 다양한 논의를 전개해 왔다. 그중에는 국가 브랜딩과 공공외교가 전혀 일치하지 않는다는 시각이나 이 두 가지가 사실상 완전히 일치한다고 보는 관점에서부터, 국가 브랜드가 공공외교의 상위개념이라거나 반대로 공공외교가 국가 브랜드의 상위개념이라고 보는 상반된 시각들이 존재한다(Szondi, 2008: 14~15). 그러나 국가 브랜딩과 공공외교가 독립적으로 존재하면서도 상당 부분 공통점이 있다는 얀 멜리센(Jan Melissen)의 주장이 널리 인용되고 있다.

멜리센에 따르면 국가 브랜딩과 공공외교는 해외의 대중을 설득하고 자국에 대한 긍정적인 이미지를 형성하기 위한 관계 설정이라는 차원에서 공통점을 갖고, 또한 자국에 대한 긍정적인 이미지 형성을 위해서 국가 정체성 및 가치 진흥을 적극적으로 추구한다는 점에서도 공통점이 있다고 보았다. 그러나 국가 브랜딩 활동이 좀 더 포괄적이고 적극적인 접근이라면, 공공외교는 상대적으로 구체적이고 소극적인 목표를 설정하는 경향이 있다는 점에서는 차이가 있다고 보기도 한다(Melissen, 2005: 22).

2. 국가 브랜드의 주요 지표

국가 브랜딩이 공공외교에 실질적으로 공헌하는 가장 큰 부분은 전략 수립과 사후평가에서 상당히 유효한 수단을 제공해 준다는 점이다. 국가 브랜드에 대한 학계와 현장의 다양한 논의들은 대부분 기존의 공중관계와 마케팅 커뮤니케이션에서 발전해 온 학술적 논의들을 토대로 하고 있는데, 특히 민간기업들의 브랜드 관리는 국가 브랜딩의 전략 수립에, 민간기업들의 브랜드 평가 및 브랜딩 지표의 산정은 국가 브랜딩의 사후평가에 상당한 유용성이 있다. 그중에서도 국가 브랜드를 측정하고 다른 국가들과 비교하는 국가 브랜드 지표 산정은 그동안 독일의 GFK, 프랑스의 입소스(Ipsos), 영국의 브랜드 파이낸스(brand finance) 등 유럽의 브랜드 컨설팅 혹은 시장조사기관들을 중심으로 발전해 왔다.

이러한 국가 브랜드의 주요 지표들은 일반적으로 정치적·경제적·사회적·문화적 요소 등이 각 지표의 목적에 부합하도록 선택적으로 사용되고, 각각의 선택된 요소에 해당하는 세부 요인들로 구체화되어 가

표 8-2 국가 브랜드 지표별 순위 비교(2019년 기준)

순위	NBI	FCI	BSI
1	독일	일본	미국
2	프랑스	노르웨이	중국
3	캐나다	스위스	독일
4	영국	스웨덴	일본
5	일본	핀란드	영국
6	미국	독일	프랑스
7	이탈리아	덴마크	인도
8	스위스	캐나다	캐나다
9	스웨덴	오스트리아	한국
10	호주	룩셈부르크	이탈리아

자료: Ipsos, Future Brand, Brand Finance

중치가 부여됨으로써 최종적인 지표가 산출된다. 정치적 요소로는 주로 정치체제나 정치지도자 이미지, 정책, 주변국과의 관계 등이 적용되고, 경제적 요소로는 주로 경제 규모, 경영 환경, 세계적인 상품·서비스 브랜드, 경제정책, 유명 경영인 등이 긍정적 요인으로 적용된다. 또한 사회적 요인으로는 국민성, 윤리·투명성, 보건 및 의료, 복지수준 등이, 그리고 문화적 요인으로는 역사, 음식, 문화상품, 관광자원, 예술가, 랜드마크, 라이프스타일, 패션 등이 주로 활용된다.

세계적으로 가장 많이 활용되고 있는 국가 브랜드 지표들에는 안홀트-입소스 NBI[Anholt-Ipsos NBI(National Brand Index)], FCI(Future Brand Country Index), BSI(Brand Strength Index)가 있는데, 이들이 산정하는 국가 브랜드 지표들은 각각 뚜렷한 차이점을 보여주고 있어 실제 그 결과로 나타나는 국가 브랜드 순위도 크게 상이하게 나타난다. NBI가 물질적 및 비물질적 항목을 포괄적으로 지표에 반영한다면, FCI는 비물질적 가치 평가에 지표가 특화되어 있고, 반면 BSI는 물질적 가치 평가에 지표가 특화되어 있다. 공공외교의 행위자는 이처럼 상이한 국가 브랜드 지표에 대한 이해를 기반으로 자국의 공공외교 전략목표에 부합하는 지표를 선택적으로 사용하고, 이를 전략 수립에 반영함은 물론 사후평가 모델 개발에도 활용할 필요가 있다.

1) 안홀트-입소스 NBI

안홀트-입소스 NBI[Anholt-Ipsos NBI(National Brand Index)]는 1996년 세계적인 국가 브랜드 전문가인 사이먼 아놀트가 개발한 국가 브랜드에 특화된 지표로서, 독일 시장조사기관인 GFK가 공동으로 운영해 오다가 (Anholt-GFK NBI), 2019년부터 프랑스 시장조사기관인 입소스와 공동으로 운영하고 있다(Anholt-Ipsos NBI). 세계적으로 가장 많이 인용되는 국가 브랜드 평가 지수로서, 측정 지표로는 관광(tourism), 수출(exports), 거버넌스(governance), 투자·이민(investment & immigration), 문화·유산(culture & heritage), 국민(people)을 설정하여 설문 지표 조사 방법을 통해서 지표를 산출한다.

〈그림 10〉 Anholt-Ipsos NBI의 6개 측정 지표

자료: Anholt-Ipsos

2) FCI

FCI(Future Brand Country Index)는 영국의 브랜드 컨설팅 업체인 퓨처브랜드(Future Brand)에서 5년마다 발표하는 국가 브랜드 지표로서 비물질적 가치나 삶의 질적인 면을 특히 강조한다. 이에 FCI는 가치체계(value system), 삶의 질(quality of life), 비즈니스 잠재력(business potential), 문화·유산(heritage & culture), 관광(tourism), 제품과 서비스(products & services)라는 여섯 개의 상위 측정 지표를 설정하고 이에 대해 자연의 아름다움(national beauty), 음식(food), 관용도(tolerance), 정치적 자유(political freedom)와 같은 하위 측정 지표들을 설정하여 전 세계적으로 2500명에 대해서 구조화된 온라인 설문조사를 실시해서 지표를 만든다.

3) BSI

BSI(Brand Strength Index)는 영국의 브랜드 컨설팅 업체인 브랜드 파이낸스에서 발표하는 국가 브랜드 지표로서, 다른 지표들과는 달리 투자(investment), 사회(society), 상품과 서비스(good & services) 등 측정 지표들을 가지고 재무적 관점에서 국가 브랜드 순위를 발표하고 있다. BSI는 원래 기업 브랜드 평가에서 국제적으로 평판이 높은데, 이를 국가 브랜드 순위 산정에도 적용하여 재무적 가치로 산정을 하다 보니 그 순위 결과가 전술한 두 개의 국가 브랜드 지표와는 다른 편이다. NBI와 FCI에서는 북유럽 국가를 선두로 한 유럽 국가들과 일본이 상위권에 포진해 있지만, BS에서는 미국과 중국이 타국 대비 월등한 격차로 국가 브랜드 가치 순위 1, 2위를 다투고 있다(표 8-2 참고).

3. 도시 브랜드와 공공외교

윌리 오린스(Wally Olins)가 장소 브랜딩이라는 개념으로 국가 브랜딩을 공간적으로 확장시킨 결과, 다양한 공공외교와 접목이 가능한 파생적인 개념들이 태어날 수 있었다. 그중 가장 대표적인 것이 도시 브랜딩(city Branding)이다. 도시 브랜드(city brand)는 "도시를 표현하는 인식적 표식을 포함한 상징체계로서 도시에 부여된 전략적 가치, 메시지, 행위의 총체"라고 정의되는데, 이러한 도시 브랜드를 구축하고 가치를 향상시키는 일련의 활동을 도시 브랜딩이라고 한다(이경미 외, 2010: 11~12). 도시 브랜딩은 종종 도시 마케팅(city marketing)과 비슷한 의미로 사용되기도 하는데, 도시 이미지 및 도시 상품화에 국한된 도시 마케팅의 개념을 넘어 도시의 정체성을 구성하는 포괄적인 개념으로서 규정될 수 있다.

국가 브랜딩이 중앙정부의 일반 공공외교의 전략 수립과 사후평가에 특히 유용하다면, 도시 브랜딩은 지방정부의 지방 공공외교의 전략 수립과 사후평가에 적실하다. 오늘날 공공외교의 새로운 행위자로서 지방정부가 부상하고 있는 가운데, 특히 그중에서도 주요 도시들을 중심으로 한 도시외교(city diplomacy) 혹은 도시 공공외교(city public diplomacy)는 세계 주요 도시들 간 선의의 경쟁 속에서 활발히 전개되고 있다. 뉴욕시, 런던시, 파리시 등 세계의 주요 대도시들은 도시 브랜딩을 도시 공공외교 수행에 적극 활용해 왔으며, 그 결과 각 도시만의 정체성을 중심으로 해외의 대중에게 특색 있고 우호적인 이미지를 구축하는 데 성공했다. 우리나라에서는 서울시가 이러한 도시 브랜딩에 일찍부터 관심을 기울여왔고 최근에는 공공외교로 진화를 추진하고 있다.

그림 8-1 서울의 도시 브랜드 역사

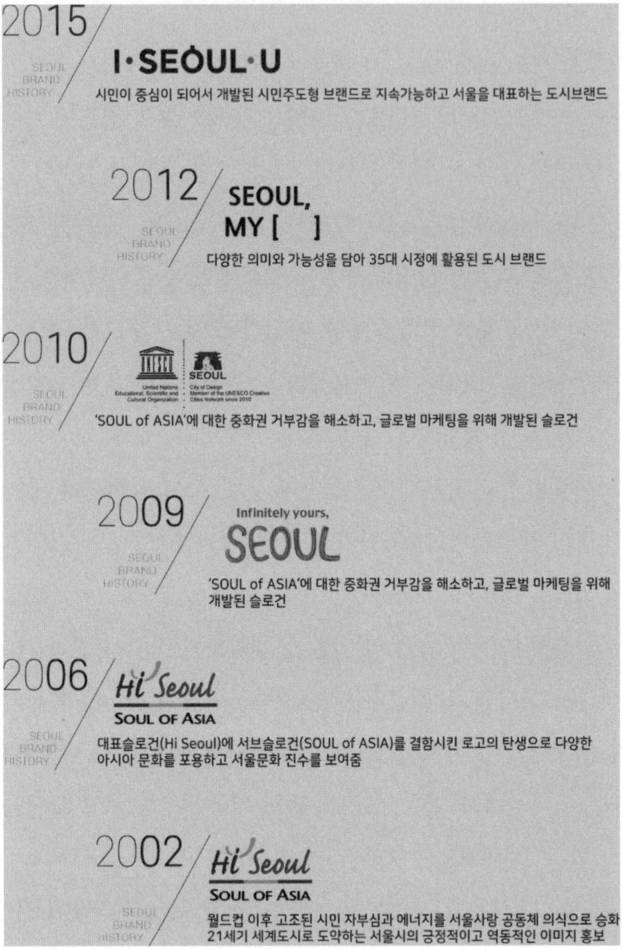

자료: 서울특별시.

서울시는 2002년 월드컵 대회를 계기로 'Hi Seoul' 이라는 도시 브랜드를 처음으로 만들어서 대대적인 사용에 나선 바 있다. 전 세계 사람들이 가장 많이 사용하는 영어 인사말인 'Hi'와 이 단어와 동음어인

'High'를 동시에 연상시켜 세계적 대도시를 향한 서울시의 비전을 표현함으로써 긍정적이고 역동적인 도시 브랜드 구축에 나섰던 것이다. 서울시 도시 브랜드는 이후 2006년에 대표 슬로건(Hi Seoul)과 보조 슬로건(Soul of Asia)를 동시에 사용하기 시작했으나, 새로운 보조 슬로건에 대한 중화권의 거부감으로 인해 대표 슬로건과 보조 슬로건을 모두 사용 중단하는 상황에 이르기도 했다. 그러다 2015년 도시외교를 본격화하는 차원에서 도시 브랜드 강화를 추진하면서 'I Seoul You'라는 새로운 슬로건을 만들어 현재 서울의 도시 브랜드로 사용하고 있다.

오늘날 도시 브랜드에서는 국가 브랜드 지표와는 별도로 특화된 지표들이 하나둘씩 개발되고 있다. 그중 가장 대표적인 것이 안홀트-입소스 CBI[Anholt-Ipsos CBI(City Brand Index)]이다. 이는 2006년 사이먼 아놀트가 개발한 도시 브랜드에 특화된 지표로서, 독일 시장조사기관인 GFK가 공동으로 운영(Anholt-GFK CBI)해 오다가 2019년부터 프랑스 시장조사기관인 입소스와 공동으로 운영하고 있다. 국가 브랜드 지표인 안홀트-입소스 NBI의 지명도에 힘입어 전 세계에서 가장 대표적인 도시 브랜드 지표로 활용되고 있으며, 세계의 주요 대도시들이 도시 브랜드 관리부터 도시 공공외교까지 이 지표를 전략 수립과 사후평가에 활용 중이다. CBI는 측정 지표로서 존재감(presence), 장소성(place), 전제조건(prerequisite), 사람(people), 역동성(pulse), 잠재력(potential)을 설정하여 설문 지표 조사 방법을 통해서 지표를 산출한다.

4. 관광 브랜드와 공공외교

관광 브랜드(tourism brand)는 "관광지의 관광 매력물에 대하여 지역주민 혹은 관광객들이 상징화, 기호화, 이미지화하여 인식하기 쉽도록 구조화한 이미지나 정체성의 총체"로서 특정한 관광지나 지역에 대한 장소 브랜딩의 역할을 하는 동시에 그 장소나 지역이 속해 있는 국가에 대한 관심과 긍정적 이미지를 제고할 수 있다는 점에서 그 중요성이 부각되고 있다(이준엽·최광환, 2007). 사이먼 아놀트가 개발한 국가 브랜드 지표에서도 수출, 거버넌스, 문화유산, 국민, 투자, 이민과 함께 관광은 국가 브랜드의 수준을 가늠하는 중요한 요소로 포함되어 있다. 관광 브랜드의 가치를 제고하는 관광 브랜딩(tourism branding) 혹은 (관광) 목적지 브랜딩(destination branding)은 일반적으로 국가 브랜드, 도시 브랜드와 함께 장소 브랜딩의 하위개념으로 여겨진다.

관광은 국가 브랜드를 제고하는 데도 중요한 역할을 하는 동시에 공공외교의 주요한 자원이 된다. 또한, 관광은 접촉의 매개로서 문화의 한 요소가 된다는 측면에서 문화 공공외교와도 밀접한 관계가 있다. 특히 여행지에서의 좋은 기억은 그 국가에 대한 긍정적인 이미지 제고에 크게 이바지하게 된다. 다른 문화 요소를 접하면서 방문지를 결정해 관광을 하는 것 역시 한 국가에 대한 지지와 옹호로 향하는 중요한 단계가 될 수 있다. 실제로 음악, 드라마, 영화 등 한류의 영향으로 한국을 찾는 방문객들이 관광 이후 한국에 대해 한 단계 발전한 호감을 가질 수도 있다. 그리고 관광은 대중문화와 마찬가지로 공공외교를 넘어 경제적 파급효과도 크게 기대할 수 있다는 점에서 그 중요성이 더해진다.

그림 8-2 관광을 통한 국가 브랜드 이미지 형성

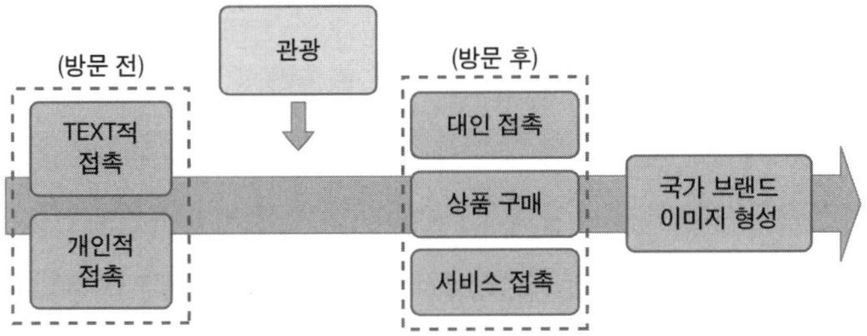

자료: 한국문화관광연구원(2014: 21).

이러한 맥락에서 관광 브랜드와 국가 이미지 제고라는 목적을 위해서 각국 중앙정부 및 지방정부의 관광청들은 관광 브랜드 구축에 많은 노력을 기울이고 있다. 한국은 한국관광공사 주도로 '코리아 스파클링(Korea Sparkling)' 브랜드를 선두로 '이매진 유어 코리아(Imagine your Korea)'라는 슬로건을 더해서 한류문화와 한류스타들을 활용한 외국인 관광객 유치에 노력을 경주하고 있다. 그리고 이러한 맥락에서 해외의 여러 관광청들이 한국에서의 자국 관광 브랜드 제고를 위해 국내 방송 프로그램 제작을 후원하는 경우도 많다. 대표적으로 tvN 예능 프로그램인 〈꽃보다 할배〉는 제작 시 스위스 관광청, 뉴칼레도니아 관광청, 크로아티아 관광청, 대만 관광청의 후원을 받았고, 실제로 〈꽃보다 할배(대만 편)〉 방송 이후 전년도의 같은 기간 대비 대만을 방문한 한국 관광객 수가 68% 이상 증가한 것으로 나타나기도 했다.

이러한 관광 브랜드는 아직 국가 브랜드나 도시 브랜드와 같은 별도의 지표는 없지만, 스위스의 세계경제포럼(WEF: The World Economic Forum)이 만든 TTCI(Travel & Tourism Competitiveness Index)를 일반적으로 관광 브랜드 지표와 비슷한 용도로 사용하고 있다. TTCI는 WEF가 세계 경제발전에서 관광산업의 중요성을 인식하고 관광산업과 직간접적으로 연관이 있는 지표 항목들을 도출하여 전 세계 국가들의 관광 경쟁력을 평가하고 비교할 수 있는 지표이다. 총 90개 세부 지표 중 직접 관광 분야 18개의 지표(관광·문화체육 관련 직접 연관지표)로 계산을 하여 순위를 결정하는데, 조사는 설문 지표와 통계 지표로 이뤄진다. 2019년 TTCI 조사에서 스페인이 1위를 차지했고, 2위 프랑스, 3위 독일, 4위 일본, 5위 미국 등으로 나타났으며, 한국은 16위를 차지한 바 있다.

참고문헌

이경미·김찬동·김소은. 2010. 『서울시 도시브랜딩전략 연구』. 서울연구원.

이준엽·최광환. 2007. 「한국 관광브랜드 슬로건으로서의 "Dynamic Korea"에 대한 유용성 연구」. ≪한국광고홍보학보≫, 9(3), 165~185쪽.

주미영. 2015. 「글로벌 신뢰국가이미지 형성을 위한 한국의 공공외교 연구」. ≪정치정보연구≫, 18(2), 31~58쪽.

최용석,·김효미. 2016. 「소셜미디어를 이용한 공공외교가 국가이미지와 국가브랜드에 미치는 영향에 관한 연구」. ≪한국콘텐츠학회논문지≫, 16(3), 426~438쪽.

Anholt, S. 2005. "Anholt nation brands index: how does the world see America?" *Journal of Advertising Research*, 45(3), pp.296~304.

Dinnie, K. and A. Lio. 2010. "Enhancing China's image in Japan: Developing the nation brand through public diplomacy." *Place Branding and Public Diplomacy*, 6(3), pp.198~206.

Fan, Y. 2006. "Nation Branding: What is being branded?" *Journal of Vacation Marketing*, 12(1), pp.5~14.

Melissen, J(Ed.). 2005. *The New Public Diplomacy: Soft Power in International Relations*. New York: Palgrave Macmillan.

Olins, W. 2004. *Wally Olins on brand*. Thames & Hudson.

Simonin, B. L. 2008. "Nation branding and public diplomacy: Challenges and opportunities." *Fletcher Forum of World Affairs*, 32(19), pp.19~34.

Szondi, G. 2008. *Public Diplomacy and Nation Branding: Conceptual similarities and differences*. Netherlands Institute of International Relations Clingendael.

9장

전략적 커뮤니케이션과 공공외교

1. 공공외교와 전략적 커뮤니케이션

전략적 커뮤니케이션(strategic communication)은 일반적으로 "특정 문제를 해결하거나 기회를 창출하기 위해서 정치, 경제, 사회, 문화, 지리적 상황에 맞는 방법을 새롭게 만들어 책임지고 응답하는 것" 혹은 "어떤 조직의 임무를 수행하기 위해 목적성을 가지고 커뮤니케이션하는 것"으로 정의된다(신호창, 2015; Hallahan et al., 2007). 전략적 커뮤니케이션은 과거에 정부나 군사 영역에서의 커뮤니케이션 프로그램들을 지칭하는 용어로 사용되기 시작했지만, 오늘날에는 공공외교(public diplomacy), 공중관계(PR: public relations), 마케팅 커뮤니케이션(marketing communication), 캠페인(campaigning) 등 여러 가지 목적 지향적 커뮤니케이션 행위들을 통칭하는 포괄적인 개념(umbrella term)으로 사용되고 있다(Zerfass and Holtzhausen, 2014: 3).

이러한 전략적 커뮤니케이션을 일면 조직 커뮤니케이션(organizational communication)과 유사하게 보는 시각도 있지만, 조직 커뮤니케이션은 조직 내에서 일어나는 대인, 그룹 및 네트워크 커뮤니케이션을 포함한 다양한 상호작용과 프로세스를 다루는 데 반해서, 전략적 커뮤니케이션은 조직의 구성원들이 목적성 있는 활동을 통해 조직을 내세우고 대외적으로 홍보하는 점에서 근본적으로 차이가 있다(Hallahan et al., 2007: 7). 전략적 커뮤니케이션은 태동하고 발전하는 과정에서 다양한 학문 분야들로부터 상호 영향을 주고받았기 때문에 구체적인 이해가 상이할 수 있으며, 따라서 전략적 커뮤니케이션의 주요 행위자 및 영역들을 중심으로 그 경계와 발전을 더 구체화해 볼 필요가 있다.

공공외교로서의 전략적 커뮤니케이션에서 주요 '행위자'는 초기에 정부행위자들에 한정되었지만 오늘날에는 기업 행위자, NGO까지 그 범위가 확대되었다. 그런데 최근에는 이들 외에도 전략적 커뮤니케이션을 전문적으로 대행하는 PR기업들(PR agencies; PR consulting firms)이 주요 행위자들과 소구 대상들 사이에서 실질적인 역할을 대신 수행하면서 공공외교로서의 전략적 커뮤니케이션에서 새로운 행위자로 급부상하고 있다. 공공외교로서의 전략적 커뮤니케이션의 주요 '영역'도 과거에는 행위자 중심으로 정치적 영역과 기업적 영역이 별도로 발전해 왔으나, 오늘날에는 다양한 글로벌 이슈들 가운데 정부와 민간의 경계가 불분명해지거나 중첩되는 경우가 많아짐에 따라서 주로 이슈-영역 중심으로 논의되는 양상이다.

전략적 커뮤니케이션과 공공외교의 관계와 관련하여 정치학자들은 전략적 커뮤니케이션을 공공외교의 하위개념으로 바라보는 반면, 커뮤니케이션학자들은 공공외교를 전략적 커뮤니케이션의 하위개념으로 접근하는 경우가 많다. 그러나 정치학자든 커뮤니케이션학자든 모두 공통적으로 전략적 커뮤니케이션이 공공외교와 접점을 형성하는 부분은 국제 커뮤니케이션과 정치 커뮤니케이션이라는 두 가지 성격을 함께 지니고 있는 경우라는 점에 대해 큰 이견은 없다. 즉, 전략적 커뮤니케이션이 한편으로는 타국의 대중을 대상으로 수행하는 국제 커뮤니케이션적인 성격을, 다른 한편으로는 국가의 이익에 부합하는 방향으로 타국의 정책 수립 및 변화에 영향을 주기 위한 정치 커뮤니케이션적인 성격을 가지고 있다는 것이다.

이러한 공공외교로서 전략적 커뮤니케이션에 대한 실제 사례들은 미국의 공공외교에서 두드러진다. 미국 정부는 오래전부터 국방부와 국무부를 중심으로 국방 및 외교 분야에서 전략적 커뮤니케이션을 적극적으로 수행해 왔는데, 9·11 테러사건 이후 전략적 커뮤니케이션을 공공외교의 핵심적인 요소로 인식하고 그 적용의 폭을 넓히기 시작했다(Office of the Under Secretary of Defense, 2004; Hallahan et al., 2007; Gregory, 2005). 특히 공공외교가 해외 공중(public)을 대상으로 마음을 얻거나 설득을 하려는 목표로 이뤄지는 커뮤니케이션 행위라는 점에서 공중과의 관계 형성을 위한 커뮤니케이션 방법과 과정을 다루는 공중관계(PR)와 관련된 여러 학술적 논의들은 특히 중요한 의미가 있다.

2. 공공외교의 외주화

민간기업들의 공중관계 업무를 주로 대행하던 글로벌 PR기업들이 최근에는 특정 국가 정부들로부터 의뢰를 받아 공공외교로서 전략적 커뮤니케이션을 대행하는 이른바 '공공외교의 외주화' 사례가 점차 많아지고 있다(Gilboa, 2001: 7~8). 이러한 현상은 1990년대 초반부터 주로 독재, 전쟁, 마약 등으로 인해 대외적 이미지가 좋지 않은 국가들을 대상으로 등장하기 시작했으나, 최근에는 여러 국가 정부들이 공공외교로서 전략적 커뮤니케이션을 전문적으로 수행하는 글로벌 PR기업들의 도움을 받고 있다. 초기에는 주로 미국 내 여론을 움직여 미국 정부의 정책 결정에 영향을 미치기 위한 경우였으나, 최근에는 미국뿐만 아니라 EU 및 주요 회원국들을 대상으로 해당 국가의 여론에 영향을 주기 위한 글로벌 PR기업들의 활동이 활발해 지고 있다.

실제로 이러한 전문적인 PR기업들에게 막대한 비용을 지불한 공공외교의 외주화 성과들은 훌륭했으나, 초기부터 이러한 글로벌 PR기업들의 활동은 여러 가지 윤리적인 논란을 불러일으켰다(Grunig, 1993). 이처럼 글로벌 PR기업들이 공공외교로서 전략적 커뮤니케이션 차원에서 성공과 논란을 동시에 불러일으켰던 대표적인 사례들로서 세 가지를 구체적으로 살펴보고자 한다. 첫 번째는 쿠웨이트 정부가 미국의 걸프전 개입을 유도하기 위해서 힐앤놀튼(Hill and Knowlton)에 의뢰한 사례, 두 번째는 콜롬비아 정부가 마약 카르텔과 관련된 자국에 대한 미국 내 부정적인 인식을 변화시키기 위해 소여밀러 그룹(Sawyer Miller Group)에 의뢰한 사례, 세 번째는 미얀마 정부가 군부독재 국가로서 자국에 대한 미국 내 부정적인 인식을 변화시키기 위해 제퍼슨 워터만 인터내셔널(Jefferson Waterman International)에 의뢰한 사례이다.

1) 힐앤놀튼과 쿠웨이트 정부

1990년 10월 미국 의회 인권 청문회는 15세의 한 쿠웨이트 소녀의 충격적인 증언을 청취하게 된다. 이 쿠웨이트 소녀는 이라크 군인들이 쿠웨이트 병원 인큐베이터에 있는 수백 명의 영유아들을 밖으로 끌어내 병원 바닥에 방치해서 모두 죽음에 이르게 만든 것을 목격했다고 증언했다. 당시 증언대에 선 증인은 본인과 가족들의 신변보호를 위해 익명이 보장되었으며, 이러한 증언은 미국 언론들에 의해 대대적으로 보도가 이뤄졌다. 이전까지 이라크의 쿠웨이트 침공과 관련해 미군 해외파병에 우호적이지 않던 미국 국내 여론은 이 쿠웨이트 소녀의 의회 증언과 이를 연일 대서특필하는 언론들에 의해 극적으로 바뀌게 된다. 부시 대통령은 각종 연설문을 통해 쿠웨이트 소녀가 증언한 사건의 참혹함을 여러 차례 반복해서 호소했고, 결국 미국 의회는 사막의 폭풍 작전(Operation Desert Storm)으로 명명된 미국의 대(對)이라크 군사행동 개시를 승인하게 되었다.

그러나 몇 년 뒤 일부 언론들의 후속취재로 당시 미국 의회 청문회에서 증언한 익명의 쿠웨이트 소녀가 나이랴 알 사바(Nayirah al-Ṣabaḥ)라는 당시 주미 쿠웨이트 대사의 딸인 것으로 밝혀졌다(MacArthur, 1992). 그리고 증언에서 언급됐던 쿠웨이트 병원에서 이라크 점령 기간 중 근무했던 복수의 쿠웨이트 의료진들이 이 소녀의 증언은 사실이 아니라는 입장을 밝혔다. 결국 이 쿠웨이트 소녀의 의회 청문회 증언과 이후 이어진 언론보도 등을 통해 미국 내 여론의 흐름을 바꾼 이 일련의 사건은 쿠웨이트 정부가 설립한 자유 쿠웨이트를 위한 시민들(CFKL: Citizens for a Free Kuwait)이라는 단체로부터 약 1000만 달러를 받고 고용된 글로벌 PR기업인 힐앤놀튼(Hill and Knowlton)의 전략적 커뮤니케이션의 결과인 것으로 밝혀졌다. 쿠웨이트 정부의 이해관계를 위해서 고용된 글로벌 PR기업이 미국 국내 여론을 움직이고 이를 통해서 미국 정부의 정책 결정에 영향을 주어 이라크 전쟁 참여를 유도하는 데 성공했던 것이다(Pratt, 1994; Roschwalb, 1994).

2) 소여밀러 그룹과 콜롬비아 정부

1960년대부터 콜롬비아 정부는 공산주의 무장 게릴라 단체들과 갈등을 겪어왔고, 1970년대부터는 마약 카르텔 확산 문제가 더해지면서 혼란스러운 국내 정세가 이어지고 있었다. 이에 따라 1987년 미국에서 수행된 한 여론조사에 따르면 약 76%의 미국인들이 콜롬비아 정부가 부패했고 인권침해를 하고 있다는 부정적인 인식이 있었고, 약 80%의 미국인들은 콜롬비아에 대한 제재에도 찬성했다. 이에 콜롬비아 정부는 미국 내 콜롬비아에 대한 부정적인 인식을 감소시키고 미국 정부로부터 더 많은 군사원조를 받기 위해 미국의 글로벌 PR기업인 소여밀러 그룹(Sawyer Miller Group)과 수백만 달러의 계약을 맺고서 미국 내 콜롬비아에 대한 우호적인 여론 확대를 위한 전략적 커뮤니케이션 업무를 대행시켰다. 소여밀러 그룹은 그동안 부패와 인권 문제로 점철된 미국 내 콜롬비아에 대한 부정적인 인식을 불과 수년 만에 '마약과 전쟁(war on drugs)'에서 '미국의 강력한 동맹국'이라는 긍정적인 인식으로 바꿔내는 데 성공했다(Arana, 1992; Stokes, 2005).

당시 소여밀러 그룹에서 콜롬비아 정부 프로젝트를 담당했던 데이비드 메자로스(David Meszaros)는 "우리 일은 콜롬비아에 나쁜 사람들과 좋은 사람들이 있는데, 콜롬비아 정부는 좋은 사람들에 속한다고 미국 언론들을 교육시키는 것이었다"라고 말했다(Stokes, 2005: 101). 1979년에 미국에서 설립된 소여밀러 그룹은 영화 제작자인 데이비드 소여(David Sawyer)와 광고 제작자인 스콧 밀러(Scott Miller)가 함께 만든 글로벌 PR기업으로서, 미국은 물론 전 세계의 정치권을 주요 고객으로 삼아 세계 각지에서 여론을 움직이기 위한 전략적 커뮤니케이션 업무를 대행해 왔다. 영국의 저널리스트로 ≪파이낸셜 타임스(Financial Times)≫ 워싱턴 지국장과 ≪타임스(Times)≫ 편집국장을 역임한 제임스 하딩(James Harding)에 따르면, 소여밀러 그룹은 한국의 김대중 대통령의 당선과 필리핀의 코라손 아키노 대통령의 당선에 도움을 주었음은 물론 달라이 라마, 레흐 바웬사, 시몬 페레스 등 5명의 노벨평화상 수상에도 자문을 제공했다고 한다(Harding, 2009).

3) 제퍼슨 워터만 인터내셔널과 미얀마 정부

1998년 미얀마 정부는 사실상 정부 통제하에 있는 미얀마 자원개발(Myanmar Resources Development Ltd)이라는 기업을 통해서 미국의 글로벌 PR기업인 제퍼슨 워터만 인터내셔널(Jefferson Waterman International)과 미얀마 정부에 대한 미국 내 부정적인 대중의 인식을 바꾸는 것을 목표로 하는 전략적 커뮤니케이션 수행 계약을 체결했다. 이에 제퍼슨 워터만 인터내셔널은 미얀마에 대한 폭넓고 균형 잡힌 시각(a broad and balanced view)을 제공한다는 모토를 내세운 '미얀마 모니터(Myanmar Monitor)'라는 뉴스레터를 정기적으로 발행해서 학생이나 일반인들이 미얀마에 대한 정보를 찾을 때 가장 최신 정보를 제공하는 정보원 역할을 하게 된다. 그리고 이와 더불어 '불교의 가르침이 있는 사랑스럽고 친절한, 상호존중이 있는 나라'라는 미얀마 캠페인을 통해서 미국 내 대중이 갖고 있는 과거부터 군부독재로 점철된 나라라는 이미지를 바꾸는 데 결정적인 역할을 했다(Sidhu, 2020: 8~9).

제퍼슨 워터만 인터내셔널은 CIA 출신인 찰스 워터만(Charles Waterman)이 설립한 전략적 커뮤니케이션에 특화된 글로벌 PR기업으로서, 미얀마 정부 프로젝트는 과거 미국 레이건 행정부 시절 국무부 차관을 지낸 바 있는 앤 브로블레스키(Ann Wrobleski)가 총괄했다. 제퍼슨 워터만 인터내셔널은 주로 외국 정부들에 대한 미국 내 여론 형성에 영향을 미치고 이를 통해서 궁극적으로 미국 정부의 정책 결정에 영향을 미치기 위한 전략적 커뮤니케이션 업무를 수행하고 있는데, 미국 내 글로벌 PR 기업들 중에서 전직 국무부 및 CIA 관료들이 상당히 많이 포진해 있는 곳으로 알려져 있다. 특히 외국 정부들에게 미국 내 평판 관리(reputation management)에 특화된 전략적 커뮤니케이션 수행을 대행해 주고 있는데, 전통적인 올드미디어들은 물론 인터넷상에서 해당 국가에 대한 대중의 부정적인 인식을 감소시켜 주고 긍정적인 인식을 제고할 수 있는 다양한 전략을 활용하고 있다.

참고문헌

신호창. 2015. 『전략적 커뮤니케이션』. 커뮤니케이션북스.

Al-Yasin, Y., A. A. Dashti. 2009. "Foreign countries and US public relations firms: The case of three Persian Gulf states." *Journal of Promotion Management*, 14(3-4), pp.355~374.

Arana, A. 1992. "The Columbia connection." *Columbia Journalism Review*, 31(3), pp.32~34.

Gilboa, E. 2001. "Diplomacy in the media age: Three models of uses and effects." *Diplomacy and Statecraft*, 12(2), pp.1~28.

Grunig, J. E. 1993. "Public relations and international affairs: Effects, ethics and responsibility." *Journal of International Affairs*, 47(1), pp.137~162.

Hallahan, K., D. Holtzhausen, B. Van Ruler, D. Verčič and K. Sriramesh. 2007. "Defining strategic communication." *International Journal of Strategic communication*, 1(1), pp.3~35.

Harding, J. 2009. *Alpha Dogs: How political spin became a global business*. Atlantic Books Ltd.

Kathy Fitzpatrick, J. D., J. Fullerton and A. Kendrick. 2013. "Public relations and public diplomacy: Conceptual and practical connections." *Public Relations Journal*, 7(4), pp.1~21.

MacArthur, J. R. 1992. "Remember Nayirah, Witness for Kuwait." *The New York Times*, Op-Ed.

Pratt, C. B. 1994. "Hill & Knowlton's two ethical dilemmas." *Public Relations Review*, 20(3), pp.277~294.

Roschwalb, S. A. 1994. "The Hill & Knowlton cases: A brief on the controversy." *Public Relations Review*, 20(3), pp.267~276.

Sidhu, J. S. 2020. "Human Rights Violations in Myanmar and the Military Junta's Defensive Human Rights Diplomacy." *Journal of International Studies*, 6, pp.1~14.

Stokes, D. 2005. *America's other war: terrorizing Colombia*. London: Zed Books.

Thorson, K. 2013. *Strategic communication*. New York: Oxford University Press.

Zerfass, A., D. R. Holtzhausen. 2014. *Routledge Handbook of Strategic* Communication. Abingdon: Routledge.

4부

공공외교와 국제정치

UNDERSTANDING
PUBLIC
DIPLOMACY

10장

공공외교와 안보

1. 군사 공공외교의 정의

군사 공공외교(military public diplomacy)는 "국방 분야의 대외정책 목표를 달성하기 위해서 외국의 일반 대중 혹은 국방 관계자들을 대상으로 수행하는 외교"를 의미한다(Wallin, 2015). 이는 단기적으로는 특정한 국방 현안들과 관련해서 자국의 정책적 목표 달성에 도움이 되도록 간접적으로 타국 정부의 의사결정에 영향을 미치려는 고도의 전술적 목표에 기반하지만, 중장기적으로는 국방 분야에서의 다양한 교류 협력을 강화하고 이를 기반으로 자국의 대외적 이미지를 점진적으로 개선해 자국 안보에 우호적인 대외 환경을 조성하려는 전략적 목표를 가지고 수행되기도 한다.

군사 공공외교는 2010년대 들어와 미국의 관련 학계와 싱크탱크들을 중심으로 본격적인 논의가 시작되고 있는 공공외교의 새로운 영역들 중 하나이다. 기존에 국방외교(defense diplomacy)나 군사외교(military diplomacy)라는 영역이 존재했지만 이들은 모두 공식적인 양자 혹은 다자 관계에 기반하여 자국 정부를 대표하는 외교관(diplomat) 혹은 주재무관(military attaché)이 외국 정부를 상대로 수행하는 전통적인 외교 활동의 일환이었다. 군사 공공외교가 전통적인 외교와 근본적으로 다른 점들은 외교의 주체, 외교의 대상, 외교의 수단이라는 측면에서 살펴볼 수 있다.

첫째, 외교의 '주체'라는 측면에서 군사 공공외교는 정부 내에서 국방부가 주도하고 외교부와 협력하여 추진한다는 점이다. 외교와 전쟁은 한 국가의 대외정책(foreign policy)에서 중요한 두 가지 수단들이다. 일반적으로 외교는 외교부가 전담하고, 국방부는 전쟁과 관련된 역할을 상호 배타적으로 담당하는 것으로 여겨져 왔다. 실제로 양차 세계대전 이전에 서구의 주요 국가들에서는 오늘날 국방부의 전신인 정부 부처에 전쟁부(Ministry of War)라는 명칭을 사용해 왔다. 그러나 오늘날 외교 행위자의 다변화가 정부 조직 내에서 다양한 방식으로 진행되어 왔고, 그에 따라 이미 국방외교 혹은 군사외교를 통해 외교 영역에서 일정한 역할을 수행해 오던 것이 한층 더 진화한 것이다.

둘째, 외교의 '대상'이라는 측면에서 군사 공공외교는 상대국 정부 행위자들이 아니라 다양한 비정부행위자들을 포함한 해당국의 일반 대중을 대상으로 수행된다는 점이다. 국방 및 국제담당 언론 기자들, 국방 및 국제문제 관련 싱크탱크 연구자들, 국방 및 국제관계 관련 학계가 모두 그 대상이 된다. 특히 단기적인 전술 혹은 장기적인 전략 차원에서 해당국의 일반 대중을 대상으로 수행된다는 점이 가장 중요한 지점으로서, 대표적으로 평화유지활동을 포함한 다양한 비전투 목적

UN 평화유지활동

유엔 평화유지활동(PKO: Peace Keeping Operation)은 국제연합이 분쟁지역에 평화유지군이나 감시단 등을 파견해 휴전·정전의 감시, 치안유지 임무 등을 수행하는 것으로, 분쟁지역에 당사국의 동의를 얻어 일정 군대 등으로 구성된 유엔 평화유지군이나 감시단 등을 파견해 분쟁 악화나 확산 방지 역할을 하는 활동이다.

2019년 11월 기준으로 세계 각처에서 활동 중인 유엔 평화유지활동은 모두 13개로서 약 10만 명이 참여 중이다. 우리나라는 국제평화와 안전 유지에 적극 기여하고, 유엔과의 협력 강화를 통해 국제사회에서 우리의 국력에 상응하는 역할을 수행하는 동시에 해외파병을 통해 국군의 현대화 및 국제화를 도모한다는 차원에서 유엔의 평화유지활동에 적극 참여하고 있다.

우리나라는 1993년 소말리아 공병부대 파병을 시작으로 2020년 1월 기준 5개의 임무단에 총 580명이 참여하고 있으며 PKO 분담률은 세계 10위 수준이다.

(자료: 국방부)

파병을 통해서 이뤄지는 현지 대민 접촉 과정에서 자국에 대한 우호적인 인식을 증진시켜 온 활동들이 주목받고 있다.

셋째, 외교의 '수단'이라는 측면에서 군사 공공외교는 군사 역량(military capabilities)이라는 수단을 경성권력뿐만 아니라 연성권력으로 활용할 수 있는 가능성을 창출해 준다. 군사 역량이란 "국가가 군사력 사용을 가능하도록 해주는 전력 구조 및 준비 태세(force structure and preparedness)"를 의미한다(Ministry of Defense, 2010: 111). 일반적으로 이러한 군사 역량은 경성권력의 가장 중요한 원천 중 하나로 여겨지지만, 군사 공공외교에 주목하는 전문가들은 군사력이 경성권력뿐만 아니라 연성권력의 원천으로도 활용될 가능성이 크다고 주장하면서 그 대표적인 사례로 군사 공공외교의 사례들을 제시한다.•

군사 공공외교의 활동 영역은 크게 '정보 관련 활동(IO: information

operations)', '공중관계 활동(PR: public relations)', '문민 관계 활동(CA: civil affairs)'으로 분류할 수 있다.

첫째, 정보 관련 활동은 영향력 작전(influence operations)이라는 용어로 쓰이기도 하는데, 가장 대표적인 활동 영역은 심리전(PSYOP: psychological operations)이다. 심리전은 적대적인 국가의 일반 대중 혹은 외국의 적대세력들을 대상으로 심리적인 영향을 미치기 위한 전략적인 정보제공 활동을 통해서 자국의 군사적 목표를 달성하는 데 기여하는 활동이다. 역사적으로 심리전은 과거 냉전시대에 매우 활발하게 전개되었으며, 탈냉전시대에는 공공외교 영역으로서 서서히 진화해 가고 있는 중이다. 이에 따라 미국, 영국, 독일 등 주요국들은 대부분 군사조직 내에 다양한 형태의 심리전단(Defense Psychological Operation Group)을 지금도 운영하고 있다.

둘째, 공중관계 활동은 외국의 일반 대중이나 다양한 국방 관련 이해관계자들을 대상으로 특정 혹은 불특정 이슈들에 대해서 긍정적인 인식이 형성되거나 혹은 부정적인 인식이 형성되지 않도록 하여, 궁극적으로 자국의 이익에 부합하는 타국 정부의 군사정책 결정이 이뤄질 수 있도록 여론을 우호적으로 구축하는 활동이다. 이는 구체적인 이슈에 대한 보도 내용에 대응하는 소극적인 의미에서의 공보(public information) 활동에서부터, 주로 미디어 노출을 매개로 하여 자국 군에 대한 우호적 이미지를 구축하는 적극적 의미에서의 공중관계 활동을 모두 포괄한다.

셋째, 문민 관계 활동은 자국의 군사력을 비전투적 목적(non-military

• https://thediplomat.com/2013/07/the-hard-side-of-soft-power/.

purpose)으로 활용하여 분쟁지역이나 재난 상황에 처한 타국의 시민들에 대한 인도주의적 지원 활동을 하거나 평화유지활동을 수행하는 것이다. 이를 통해서 국제사회 혹은 특정 대상 국가 내에서 자국에 대한 우호적인 인식을 증대하고, 중장기적으로 자국의 군사적 이익을 도모하려는 활동이다. 오늘날 이러한 문민 관계 활동은 UN이나 NATO와 같이 국제기구가 중심이 되어 조직된 다국적군 참여를 통해서 이뤄지는 경우도 있고, 양자관계를 기반으로 우호 증진을 위한 국방 협력 차원의 활동을 통해서 이뤄지기도 한다.

2. 평화유지, 우호 증진, 재난 구호를 위한 비전투적 목적의 해외파병

해외파병(overseas deployment of armed forces)은 "자국의 군대·군함·군용기 따위를 군사적 목적으로 다른 나라의 영토·영해·영공에 파견하는 일"을 의미한다(국방과학기술용어사전, 2013). 이러한 해외파병은 과거에는 주로 전투적 임무(combat mission)를 위해 이뤄졌지만, 오늘날에는 비전투적 임무(non-combat mission)을 위해 이뤄지는 경우도 많다. 최근 군사 공공외교 차원에서 주목받고 있는 문민 관계 활동은 바로 이러한 비전투적 목적의 해외파병에 해당되는데, 주로 평화유지활동(peacekeeping operations), 우호 증진(promoting friendship), 인도주의적 재난 구호(humanitarian disaster relief) 등의 활동을 수행하게 된다.

냉전시대에는 주로 스위스·스웨덴·아일랜드 등과 같은 중립국들이 평화유지활동을 활발히 해왔으며, 냉전 종식 이후에는 주요 선진국

그림 10-1 중립국감독위원회의 스웨덴군 및 스위스군 부대표지

자료: Wikimedia.org

들의 군이 비전투적 임무의 중요성을 지속적으로 강조해 왔다. 1953년 7월 27일 한국전쟁 정전협정문이 서명되면서 설립된 중립국 감독위원회(NNSC: Neutral Nations Supervisory Commission)는 비전투적 목적 해외파병의 대표적인 사례이다. NNSC는 국제연합군 사령부(UN Command) 군사정전위원회 소속으로 북측과 남측의 휴전 상태를 감시하는 역할을 맡고 있는데, 초기에는 스웨덴·스위스·폴란드·체코슬로바키아 4개국으로 구성되어 있다가 냉전 종식 이후 현재는 실질적으로 스웨덴과 스위스만 활동하고 있다.

비전투적 임무를 수행하기 위해 파병된 군인들은 일반적으로 현지 민간인들과의 대민 접촉이 많은 편이다. 특히, 재난 구호 목적의 파병인 경우 주된 활동이 현지 민간인들을 대상으로 한 구호 임무이기 때문에 그 자체가 공공외교적인 성격이 강하다. 또한 평화 유지 목적의 파병인 경우에도 안전한 현지 임무 수행과 우호적인 현지 분위기 조성을 위해서 교육·의료·체육 등 현지 민간인들을 대상으로 한 다양한 지원활동을 수행한다. 그리고 양국 간 우호 증진을 위해서 파병한 경우에는 양측 군사 인력 및 조직 간의 협력이라는 실질적인 측면 이외에도 현지에서 자국 이미지를 개선하기 위해서 민간인들을 대상으로 한 다양한 임무를 수행한다.

한국의 해외파병은 1964년 베트남 전쟁 파병이 시초였다. 우리 정

표 10-1 한국군의 평화 유지, 우호 증진, 재난 구호를 위한 해외파병 활동

구분	유엔 평화유지활동	다국적군 평화 활동	국방 교류협력 활동
주체	유엔이 직접 주도	지역 안보 기구 또는 특정 국가 주도	파견국 주도
지휘통제	유엔 사무총장이 임명한 평화유지군 사령관	다국적군 사령관	파견국 군 지휘관
소요 경비	유엔에서 경비 보전	파견국 부담	파견국 부담

자료: 국방부(2018).

부는 베트남 전쟁 초기에는 비전투적 임무를 위한 의료진과 태권도 교관만 파견했으나, 이후 미국의 요청에 의해 국내 논란 끝에 전투적 임무를 수행하기 위해서 연인원 32만여 명에 달하는 군 병력을 파병했다. 이후 1991년에는 이라크의 쿠웨이트 침공으로 촉발된 걸프전에 의료지원단과 공군 수송단을 중심으로 비전투 병력을 파병했다. 그리고 남북한 유엔 동시 가입 이후부터는 유엔 평화유지활동의 일환으로서 비전투 병력을 중심으로 1993년 소말리아와 1994년 서부사하라에 파병을 하면서 본격적으로 문민 관계 활동 중심의 해외파병 활동에 나서게 된다.

오늘날 한국군의 해외파병 활동은 유엔 평화유지활동, 다국적군 평화 활동, 국방 교류협력 활동 등 크게 세 가지로 나뉜다. 첫째, UN 평화유지활동은 유엔 안보리 결의안에 의해 권한을 위임 받아 분쟁지역에서 정전 감시, 선거 지원 등 분쟁 확산방지 및 평화 정착을 돕기 위한 활동이다. 둘째, 다국적군 평화활동은 특정 목적을 위해 동맹이나 연합 형태로 2개국 이상의 군으로 결성되어 평화 유지를 수행하는 활동이다. 셋째, 국방 교류협력 활동은 국가 간 협력과 우호 증진, 재난 구호 등의 목적을 가진 활동을 의미한다. 2018년 말 통계 기준으로 총 12개국에

그림 10-2 레바논 동명부대 현지 활동

자료: Wikimedia.org.

1095명의 한국군이 해외파병 활동을 수행하고 있는데, 그중 가장 대표적인 사례로는 레바논 동명부대, 소말리아 해역 청해부대, UAE 아크부대 등이 있다.

동명부대는 2007년 7월부터 대한민국 육군이 유엔 레바논 평화유지군(NIFIL)의 예하부대로 파병한 부대로서, 현지에서 교육·의료·방역 등 다양한 대민 지원 활동들을 수행하면서 레바논에서 한국에 대한 우호적 이미지 제고에 현격한 공을 세우고 있다. 청해부대는 2009년 3월부터 대한민국 해군이 소말리아 해역에서 민간 선박들을 해적들로부터 보호하기 위해 아덴만에 파견한 부대로서, EU와의 공동작전 등이 해외언론들에 대대적으로 보도되면서 관련국들에 한국의 국제사회 기여와 관련된 긍정적인 인식을 제고시켜 주고 있다. 그리고 아크부대는 2011년 1월부터 대한민국 육군이 아랍에미리트 연방군(UDF)과 교육 및 훈련 등 국방 협력을 위해 파견한 특수작전 훈련 부대로, 양국 간 전략적 우호 증진에 중요한 역할을 담당하고 있다.

표 10-2 한국군 해외파병 현황

(2018년 11월 30일 기준)

구분				현재 인원	지역	최초 파병 시기	교대 주기
UN PKO	부대 단위	레바논 동명부대		331	티르	2007.07	8개월
		남수단 한빛부대		280	보르	2013.03	
	개인 단위	인도·파키스탄 정전 감시단		7	스리나가	1994.11	1년
		남수단 임무단		7	주바	2011.07	
		수단 다푸르 임무단		2	다푸르	2009.06	
		레바논 평화유지군		4	나쿠라	2007.01	
		서부 사하라 선거 감시단		4	라윤	2009.07	
	소계			635			
다국적군 평화활동	부대 단위	청해부대		302	소말리아 아덴만 해역	2009.03	6개월
		바레인 연합 합동 사령부	참모 장교	4	마나마	2008.01	1년
	개인 단위	지부티 연합 합동 기동부대	협조 장교	2	지부티	2003.12	
		미국 중부사령부	협조단	2	플로리다	2001.11	
		미국 아프리카사령부	협조 장교	1	슈투트가르트	2016.03	
	소계			311			
국방 교류 협력활동	부대 단위	UAE 아크부대		149	알 아인	2011.01	8개월
	소계			149			
총계				1,095			

자료: 국방부(2018).

참고문헌

국방부. 2018.『국방백서』. 국방부.

김순태. 2010.「한국군의 군사외교 활동에 관한 연구: 공공외교의 관점을 중심으로」. ≪동서연구≫, 22, 1~28쪽.

두진호. 2014.「러시아 군사공공외교의 특징과 함의」. ≪국방정책연구≫, 104, 45~77쪽.

Coutaz, G. 2019. "Image-building as Impetus for the Growth of the People's Liberation Army(PLA)'s Engagement in International Humanitarian Assistance and Disaster Relief(HA/DR) Operations." *European Journal of East Asian Studies*, 18(1), pp.36~65.

Géré, F. 1997. *La Guerre Psychologique*. Paris: Economica(programme ReLIRE)

Karadag, H. 2017. "Forcing the Common Good: The Significance of Public Diplomacy in Military Affairs." *Armed Forces & Society*, 43(1), pp.72~91.

Magen, C. and E. Lapid. 2018. "Israel's military public diplomacy evolution: Historical and conceptual dimensions." *Public Relations Review*, 44(2), pp.287~298.

Ministry of Defence of the Australian Government. 2010. *The Defence Capability Development Manual*. Canberra: Defence Publishing Service

Swistek, G. 2012. "The nexus between public diplomacy and military diplomacy in foreign affairs and defense policy." *Connections*, 11(2), pp.79~86.

Wallin, M. 2015. *Military Public Diplomacy*. How the Military Influences Foreign Audiences, American Security Project.

Williams, A(2009. "The US military and public diplomacy." *Toward a New Public Diplomacy*, pp.217~237. New York: Palgrave Macmillan.

11장

공공외교와 개발

1. 국제개발협력의 정의

국제개발협력(international development cooperation) 혹은 개발협력(development cooperation)은 개발도상국의 빈곤 퇴치와 경제·사회 개발을 지원하는 공공·민간 부문의 모든 활동을 포함하는 광범위한 국제사회의 협력을 의미한다. 이는 오늘날 다양한 분야에서 사용되고 있는 공적개발원조(ODA: official development assistance)보다 더 포괄적인 개념으로서, 기타 공적자금(OOF: other official flows), 수출 신용(export credit), 민간투자(private investment)와 같이 정부행위자는 물론 민간행위자들이 전개하는 다양한 개발협력 방식을 모두 포함한다. 다른 한편 국제협력(international cooperation)은 개발도상국의 빈곤퇴치와 경제·사회 개발 지원에만 국한되는 것이 아니라 모든 목적의 국가 간 협력을 의미하는데, 여기에는 경제동반자협정(EPA: Economic

그림 11-1 국제협력, 국제개발협력, 공적개발원조

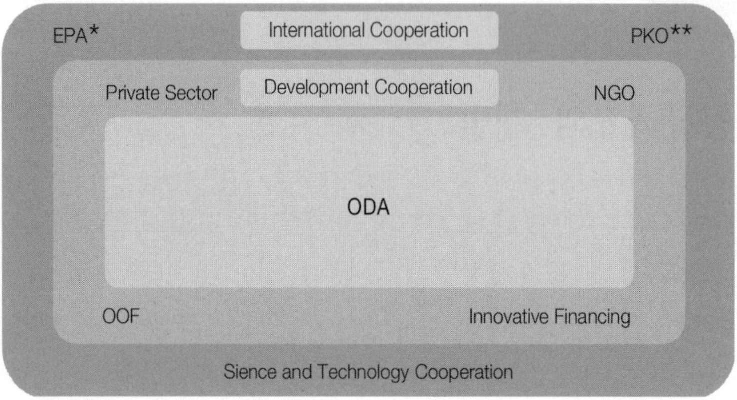

주: * Economic Partnership Agreement.
** Peace Keeping Operations.
자료: 일본 외무성.

Partnership Agreement)이나 평화유지군(PKO: peace keeping operations)의 활동도 포함된다는 점에서 국제개발협력의 정의보다 더 포괄적인 개념이다.

반면, 공적개발원조는 중앙 및 지방정부, 공공기관을 포함한 공여국의 공적 주체가 개발도상국의 경제발전과 복지 증진을 주목적으로 하여 개발도상국의 정부 또는 국제기구에 공여하는 증여(grant) 및 양허성 차관(concessional loan)과 같은 자금 지원과 기술협력을 의미한다. 공적개발원조의 정의를 좀 더 정확히 이해하기 위해서는 이것이 규정하는 개발원조의 주체, 대상, 목적, 방식을 구체적으로 살펴볼 필요가 있다. 우선 ODA 통계치로 산입되기 위해서는 공여 주체가 민간행위자가 아니라 정부행위자라는 조건을 충족해야 한다. 중앙정부, 지방정부, 이 정부들 산하 공기업들은 모두 이러한 정부행위자에 포함된다.

그리고 수원국은 경제협력개발기구(OECD: Organization for Economic Cooperation and Development)의 개발원조위원회(DAC: Development Assistance Committee)가 정한 수원국 리스트에 있는 국가들에 한정된다.

또한 ODA에서 개발원조의 목적은 개도국의 경제개발 또는 복지 증진에만 한정된다. 설령 공여국의 정부행위자가 개발도상국에 자금 지원을 하더라도 상업적 목적을 갖는 지원이라면 이는 ODA가 아니라 기타 공적자금으로 분류된다. ODA의 자금 지원 방식은 증여 및 양허성 차관으로 한정되는데, 증여는 일반적으로 상환 조건 없이 제공되는 현금, 물자 및 서비스를 의미하며 흔히 무상원조라고 불리기도 한다. 증여에는 채무 변제, NGO 지원, 원조 사업 시행 시 수반되는 특정 비용 등도 포함한다. 그리고 양허성 차관은 수원국이 지원받은 현금이나 물자에 대해 채무를 지는 것을 의미하며 흔히 유상원조라고도 불린다. 양허성 차관은 이자율, 상환기간, 거치기간 면에서 일반 융자와 비교하여 차입국에 유리한 조건이어야 하며, 특히 증여율(grant element)이 일정 기준을 상회할 경우에만 ODA로 계상된다(한국국제협력단, 2013).

증여율은 개발원조의 질을 표시하는 지표로 여겨지는 양허성(concessionality)에 대한 측정치인데, 유상원조의 공여 재원 총액에서 상환받지 않는 자금의 규모를 나타낸다. 과거에는 ODA의 정의에 충족되는 증여율이 25%(할인율 10%) 이상이어야만 했지만, 2018년부터 변경된 측정 방식에 따르면 OECD/DAC가 분류하는 상위 중소득국(UMICs: upper middle income countries), 하위 중소득국(LMICs: low middle income countries), 최빈국(LDCs: least developed countries) 및 기타 저소득국(Other LICs: other low income countries)의 세 그룹으로 나뉘어 다른 기준이 적용된다. 구체적으로 상위 중소득국은 증여율 10%

(할인율 6%), 하위 중소득국은 증여율 15%(할인율 7%), 최빈국 및 기타 저소득국은 증여율 45%(할인율 9%)가 적용된다.●

이처럼 공적개발원조는 OECD/DAC가 규정하는 이와 같은 엄정한 정의에 기반해 있다. 이는 국제개발협력의 주요 공여국들인 OCED/DAC 회원국들 간에 상호 비교 가능한 통계수치를 얻기 위함인데, 이를 통해 원조 성과를 평가하고 각국의 정책 수립 및 집행에 활용하게 된다. OECD/DAC는 1969년부터 ODA의 개념을 공식적으로 사용하기 시작했고 1972년부터 현재의 정의를 골자로 하고 세부적인 내용들만 수정하여 사용하고 있다.

2. 국제개발협력의 동기

국제개발협력은 개발도상국의 빈곤퇴치와 경제·사회 개발을 지원한다는 공통의 지향을 지니고 있지만, 일반적으로 공여국들은 공적개발원조에 각각 자국만의 동기(motivation)와 목표(goal)를 가지고 국제개발협력 정책을 수립하고 집행한다. 이처럼 공여국들이 국제개발협력에서 각기 상이한 동기와 목표를 갖는 것은, 이것이 각국의 대외정책(foreign policy) 차원에서 시행되는 하나의 세부 정책 영역의 성격이 있기 때문이다. 그와 동시에 이러한 국제개발협력의 동기와 목표는 각국별로 상이한 정치, 경제, 역사적 맥락에 의해 다양한 방식으로 나

● http://www.oecd.org/development/financing-sustainable-development/development-finance-standards/officialdevelopmentassistancedefinitionandcoverage.htm.

그림 11-2 국제개발협력의 동기

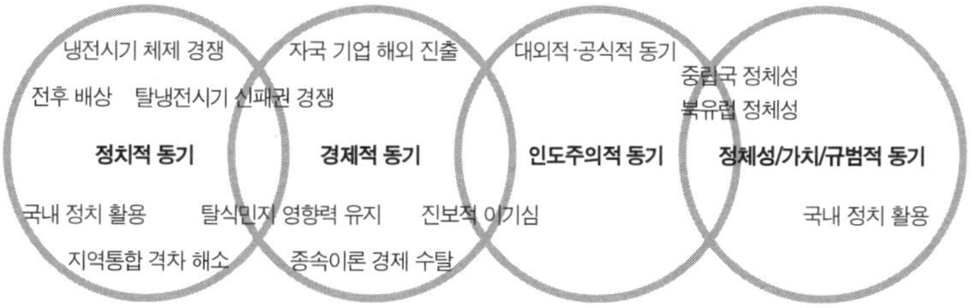

타난다. 이러한 맥락에서 공여국들이 국제개발협력을 수행하는 동기들은 크게 정치적 동기, 경제적 동기, 인도주의적 동기, 정체성·가치·규범적 동기 등으로 이해할 수 있다.

1) 정치적 동기

국제개발협력의 정치적 동기로는 우선 냉전시대 체제 경쟁이 있다. 제2차 세계대전이 끝나고 미국의 마셜플랜(Marshall Plan)은 전후 황폐화된 유럽 국가들의 경제 재건을 위한 일종의 대규모 개발협력 프로그램이었다. 이는 냉전 초기 유럽 대륙에서 소련의 영향력 강화와 일부 유럽 국가들의 공산화를 막기 위한 정치적 동기가 강하게 작용했다. 이러한 맥락에서 당시 미국 의회도 천문학적인 재정이 소요되는 마셜플랜 예산안을 논란 끝에 통과시켜 주었다. 이와 같은 냉전시대 체제 경쟁은 미국과 소련이라는 두 강대국들만의 일은 아니었다. 동유럽 국가들이 '사회주의 혈맹'이라는 명분으로 한국전쟁 기간 북한에서 발생한 전쟁고아들 수천 명을 수용해서 양육해 준 것은 단순히 인도주의적인 성격이라기보다는 냉전시대 체제 경쟁이라는 정치적 동기에 기인한 지원의 성격을 가지고 있었다(윤석준, 2019).

탈냉전 이후 신패권 경쟁이 시작되면서 이러한 정치적 동기는 국제사회에서 개발협력에 대한 또 다른 주요한 동인을 제공했다. 국제사회에서 빠르게 성장해 온 중국은 G2 시대라는 시대적 규정에 걸맞게 국제개발협력 분야에서도 활발한 추진 실적을 보여왔다. 중국은 기존에 서구가 주도하던 국제개발협력분야에서 역사적으로 서구의 영향력이 지배적인 아프리카 지역을 중심으로 유럽과 미국의 영향력을 능가하는 국제개발협력의 주도국으로 성장해 왔다. 특히 담비사 모요 등 일부 개발경제학자들이 중국의 국제개발협력 모델을 서구식 모델의 대안으로 여기고 있는 가운데, 중국의 일대일로(一帶一路) 사업과 아시아인프라투자은행(AIIB)은 이러한 탈냉전 이후 신패권 경쟁 차원에서 전개되는 중국 국제개발협력의 일면을 잘 보여주고 있다.

2) 경제적 동기

프랑스와 영국 등 유럽의 식민지배 국가들이 과거 피식민 국가들에 대해서 독립 이후에도 지속적으로 상당한 규모의 개발협력 사업을 추진해 왔던 것은 구식민지에 대한 영향력 유지를 위한 정치적 및 경제적 동기에 기인한 것이다. 프랑스와 영국의 피식민 국가들이 독립하는 과정에서 과거 식민지배 국가들의 원조 및 투자의 상당 부분이 해당국 정부의 공공부채로 남겨졌기 때문에 이 신흥 독립국들이 구조적으로 빈곤의 늪에서 벗어나지 못하는 데 적지 않은 영향을 주었다는 점에서, 이러한 개발협력 사업의 양면성은 종종 비판을 받아왔다. 프랑스와 영국의 구식민지에 대한 정치적 및 경제적 영향력 유지를 위한 동기는 오늘날에도 이어지고 있는바, 구식민지 국가들에 대한 지원 규모가 이 국가들의 국제개발협력 전체 예산에서 여전히 50% 이상의 높은 비중을 차지하고 있다(Louvel, 1994).

국제개발협력은 자국 기업의 해외 진출 지원을 위해 수행되기도 한다. 과거에는 구속성 원조(tied aid)라는 형식을 통해서 무상원조나 양허성 차관 등의 개발 재원을 지원해 주면서, 그 반대급부로 자국 기업들의 현지 개발협력 사업 참여를 조건으로 내세우는 경우도 있었다. 현재에는 대부분의 선진 공여국들에서 이러한 구속성 원조가 사라지고 있는 추세이지만, 현실적으로는 기술적인 표준이나 배타적 규범 등에 기반을 둔 반구속성 원조(semi-tied aid)를 통해 개발협력을 자국기업의 해외 진출과 연계하는 경우들도 있다. 또한 국제개발협력 사업은 수원국 내에서 공여국에 대한 우호적인 이미지를 증대시킬 가능성이 높고, 이러한 우호적인 이미지가 공여국 기업들의 수원국 내에서의 사업 추진에 유리한 환경을 조성해 줄 수 있다는 측면도 국제개발협력의 경제적 동기로 작용해 왔다.

3) 인도주의적 동기 및 정체성·가치·규범적 동기

대다수 공여국들이 공식적으로 표명하는 국제개발협력의 동기는 인도주의적 성격이 강조되는 경향이 있다. 제도나 정책에서 인도적 지원과 개발협력 간의 구분이 모호한 미국과는 달리, 그 구분이 비교적 명확한 유럽에서도 국제개발협력에서 이러한 인도주의적 동기는 상당히 강조되는 편이다. 그동안 인도적 지원은 인도성(humanity), 공평성(impartiality), 중립성(neutrality), 독립성(independence)이라는 보편적

인도주의 원칙이 정치적·군사적 고려가 완전히 배제되지 않은 개발협력과는 상충된다는 시각도 있었다. 그러나 EU가 1990년대 초반부터 '인도적 지원과 개발협력의 연계(LRRD: linking relief, rehabilitation and development)' 접근을 발전시키고, OECD/DAC가 2019년부터 '인도적 지원-개발협력-평화구축 활동 간 연계(HDP Nexus: Humanitarian-Development-Peace Nexus)'를 권고하면서 인도주의적 동기는 개발협력의 주요 동기로 더욱 강조되는 추세이다.

다른 한편, 북유럽 국가들은 국제사회에서 평화, 인권, 성평등 등과 같은 가치(values) 및 규범(norms)을 중심으로 한 대외정책을 펼쳐오면서, 국제관계에서 다른 주요 국가들과는 차별화되는 북유럽만의 외교적 정체성(identity)을 형성해 왔다(Björkdahl, 2013). 북유럽 국가들은 개발협력에서도 영국이나 프랑스와 같이 자국의 구식민지 국가들을 중심으로 편중 지원하는 것과는 달리, 오히려 이 주요국들의 지원에서 소외되고 있는 지역이나 국가들에서의 개발협력 사업을 주도적으로 지원해 왔다(Gates and Hoeffler, 2004; Selbervik and Nygaard, 2006). 특히 냉전 초기 핵무기 개발을 추진하려다가 포기하고 오히려 비핵확산 규범 형성에 주도적인 역할을 했던 스웨덴을 필두로 한 북유럽 국가들과 중부유럽의 스위스는 규범권력을 통해 국제사회에 영향을 미치는 국가들로서 이들은 가치와 규범, 정체성 차원에서 개발협력에서도 국민 1인당 ODA를 가장 많이 행하고 있는 국가들이다.

3. 국제개발협력의 목표

국제개발협력은 공여국의 다양한 동기에 의해 주로 추진되어 왔지만 수여국의 필요에 의해서도 진행되어야 하는 것으로, 일방적이고 시혜적으로 이뤄지는 단순한 원조(aid, assistance)가 아니라 그 과정과 결과를 수원국과 함께 만들어나가는 협력(cooperation) 사업으로 진화해 왔다. 서구 국가들을 중심으로 반세기 넘게 진행되어 온 국제개발협력에 대해 그동안의 성과와 한계를 비판적으로 성찰해 온 가장 큰 결실이 바로 이 지점에 있다. 그리고 단순 성장이라는 경제적 목표를 넘어서 경제적·정치적·사회적·환경적 목표를 포괄하는 다면적 목표로 확대되어 왔다. 또한 개발원조(development aid)는 기술지원(technical assistance)

그림 11-3 국제개발협력의 다면적 목표

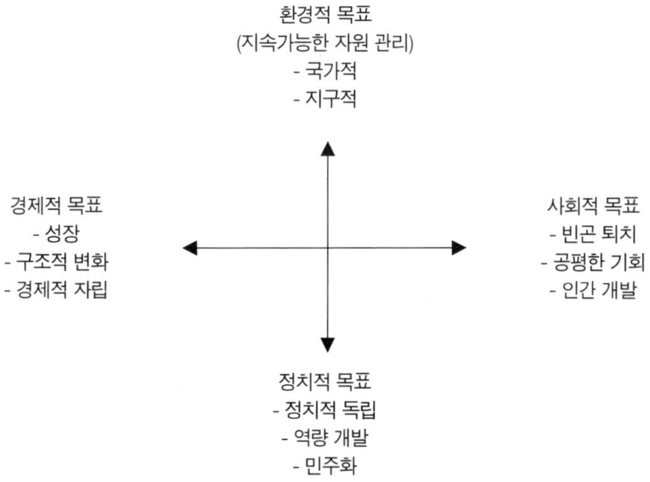

자료: Degnbol-Martinussen and Engberg-Pedersen(2003: 36~38).

이나 기술협력(technical cooperation)을 넘어서 역량 구축(capacity building)으로 진화해 왔다(UNDP, 2009.8).

1) 경제성장 목표에서 다면적 목표로

경제적 목표(economic goals)는 성장(growth), 구조적 변화(structural change), 경제적 자립(independence)이라는 세부 목표로 구성될 수 있다. 국제개발협력에서 성장에 대한 담론은 냉전시대 자유주의 개발이론의 대표 격으로서 그 토대를 제공한 헤로드-도마 성장 모델(Harrod-Domar model)과 로스토의 발전단계설(the stages of economic growth)의 토대 위에서 성장했다. 헤로드-도마 성장 모델은 저소득 개발도상국들의 경제성장을 위해서는 투자율과 저축률 제고가 중요한데 이 국가에서는 필요 투자와 국내 저축과의 차이를 자체 충당하는 것이 불가능하므로 해외 자본이 필요하다는 주장으로 이어지는데, 이것이 개발도상국 해외원조 필요성의 근거를 형성해 왔다. 그리고 로스토의 발전단계설은 냉전이 본격화되던 시기에 마르크스주의의 대안으로서, 개발도상국들에 대해 서구의 경험을 바탕으로 한 경제발전 모델을 이식하게 된 이론적 배경이 되었다.

그러나 이처럼 성장에 중심을 둔 경제적 목표는 개발도상국의 원조 의존성을 심화해 구조적 변화를 더디게 만들고 공여국들에 대한 경제적 의존도를 높여 자생력을 약화시킨다는 문제가 대두되었다. 이러한 한계를 극복하려는 과정에서 민주주의(democracy)와 정치적 독립(independence)과 같은 정치적 목표(political goals)나 인권(human rights), 평등한 기회(equal opportunity), 빈곤퇴치(fight against poverty)와 같은

그림 11-4 새천년개발목표와 지속가능개발목표

자료: 지속가능발전포털(www.ncsd.go.kr).

사회적 목표(social goals)도 경제적 목표와 함께 추구되어야 한다는 문제의식과 공감대가 국제사회의 개발협력 공동체에서 형성되기 시작했다. 그리고 개발협력 과정에서의 윤리적 문제를 다룬 데니스 굴렛(Denis Goulet)의 영향을 받은 아마티야 센(Amartya Sen)이 자유로서의 발전(Development as Freedom)을 통해, 단순한 경제적 성장의 추구가 아니라 자유와 민주주의가 진정한 발전의 목표라는 사상적 전환점을 마련하게 된다.

국제사회는 이후 유엔개발계획(UNDP: United Nations Development

Programme)을 중심으로 경제·정치·사회를 모두 아우르는 다면적인 차원에서의 발전 목표를 수립하고 이에 따른 평가 체계도 다면적인 차원에서 진행하게 되었다. UN 주도로 국제사회가 합의한 2000년부터 2015년까지의 '새천년개발목표(MDGs: Millennium Development Goals)'가 2015년부터 2030년까지의 '지속가능개발목표(SDGs: Sustainable Development Goals)'로 진화되는 과정은 이러한 개발협력 목표의 다면적 확장을 잘 보여준다. MDGs가 경제, 사회 문제를 중심으로 한 8개 목표와 21개 세부 목표를 제시했던 것에서 SDGs는 17개 목표와 169개 세부 목표를 세움으로써 더욱 확장된 다면적 목표를 설정했다. 특히, 평화·정의·제도와 같은 정치적인 목표를 개발의 목표로 합의하고, 기후변화와 같은 환경적 목표(environmental goals)도 보다 강조하게 되었다.

2) 개발원조 목표에서 역량 개발 목표로

개발협력의 초창기에는 가난한 나라들에게 가장 필요한 것은 자금이라는 전제 위에서 선진국들이 개발도상국들에 무상원조나 유상원조를 제공해 주는 개발원조(development aid)가 국제개발협력의 목표로 설정되던 시기가 있었다. 그리고 그러한 결과로 현재의 물적 투자 그 자체를 목표로 설정하고, 미래에 여러 측면에서 발생할 영향이나 원조의 중장기적 성과는 도외시되고는 했다. 결국 개발도상국은 유상원조의 후유증으로 인해 막대한 부채에 허덕이게 되거나 유상 또는 무상 해외원조가 없이는 정상적인 국가 운영이 어려워지는 원조 의존성(dependence on foreign aid)의 심화 상황이 발생하고는 했다. 그리고 개발협력 차원에서 진행되던 여러 가지 사업들이 선진 공여국 사정으로 원조가 중단되면 곧바로 중단될 정도로 자생력을 확보하지 못한 경우도 많았다.

이러한 한계를 넘어서려는 국제사회의 노력은 국제개발협력의 목표를 개발원조에서 기술원조(technical assistance)로 진화시킨다. 기술원조는 개발도상국이 선진국들의 경제성장 역사를 교훈 삼아서 그 과정을 그대로 따라가는 전략을 추구해야 한다는 전제 위에 있었다. 그래서 해외 전문가들이 개발도상국에 들어와 그들이 설계해 온 프로젝트들을 개발도상국 현지에서 운영하면 선진국에서 이뤘던 것과 비슷한 결과와 성과를 거둘 것이라고 기대하고는 했다. 그러나 그러한 프로젝트들은 현지 목표나 우선순위와 괴리되는 경우가 많았고, 현지 역량을 지나치게 과소평가하다 보니 오히려 해외 전문가들에 대한 의존도만 지나치게 높아졌다. 그 결과 해외 전문가들의 역량이 현지 인력들에게 전수되지 못하고, 그들이 떠나고 나면 다시 원점으로 돌아오는 결과로 나타나고는 했다.

국제사회는 근본적으로 원조라는 개념이 공여국과 수원국 간에 비대칭적인 관계를 전제하고 있다는 점에서 그러한 기술원조의 한계와 실패의 원인을 찾게 된다. 이에 따라 선진국과 개발도상국 간에 대등한 동반자 관계를 전제한다는 의미에서, 국제사회는 기술원조가 아니라 기술협력(technical cooperation)이라는 목표를 세우고 새로운 접근을 시도하게 된다. 기술협력은 일방적이고 시혜적인 차원의 원조에서 벗어나 개발도상국 정부의 정책이나 그 사회의 우선순위에 기반해서, 수원국이 필요로 하는 분야에서의 교육 및 지식 전수에 주력한다. 이러한 변화의 결과는 이전에 비해 현지 전문가층이 두터워지고 관련

제도나 규범이 태동, 발전하는 등 현지의 역량 강화로 나타나게 된다. 특히 수원국 정부의 정책에 부합하고 현지에서 필요로 하는 사업들이 추진되다 보니 자발성이 커지면서 지속가능한 자생력이 태동하는 성과를 거두게 된다.

이러한 기술협력에서 한 단계 더 진화한 개발협력의 목표가 역량개발(capacity development)이다. 이제 선진국은 더 이상 주도적인 역할을 하지 않고 협력적 지원 주체로서 개발도상국들이 스스로 그들의 발전 과정을 설계하고 이행하는 것을 기본 전제로 한다. 그리고 이러한 전제를 바탕으로 개발도상국 사회와 구성원들의 내재적인 역량을 개발하고 강화하는 데 그 초점을 맞춘다. 이를 위해 현지의 인적·기술적·제도적 역량을 최대한 활용하여 그 위에서 성과를 내면서 지속가능한 변화(sustainable change)를 유도한다. 이러한 관점에서 단순히 개인적(individual) 차원의 역량 개발뿐만 아니라 조직적(organizational) 차원은 물론 제도적·환경적(institutional/environmental) 차원의 역량 발전이라는 포괄적인 접근이 강조되고 있다(UNDP, 2009.6).

4. 공공외교와 개발협력

1) 공공외교 차원의 개발협력 vs. 개발협력 차원의 공공외교

한 국가의 대외정책 수립 과정에서 공공외교와 개발협력과의 관계 설정은 때로 모호해질 때가 많다. 특히, 공공외교가 선진국이 아니라 개발도상국을 대상으로 수행될 때에는 개발협력의 영역과 사실상 중첩되는 경우가 발생하기도 한다. 공공외교가 상대국 국민들이 자국에 대한 우호적인 인식을 갖게 하기 위한 것이 목적이라면, 개발도상국을 대상으로 한 양자 간 개발협력(bilateral development cooperation)이 상대국 국민들의 자국에 대한 우호적인 인식에 긍정적인 영향을 미쳤다는 것은 측정 가능한 성과지표들 중 하나로 유용하게 활용될 수 있다. 특히, 국제개발협력이 정치적 혹은 경제적 동기에 기반하여 관련 정책이 수립 및 집행될 경우에는 이를 수단으로 활용하려는 측면이 현실적으로 존재한다.

그러나 공공외교는 자국의 대외정책 차원에서 국익을 극대화하기 위해서 수행된다는 점에서, 이는 공여국의 동기보다는 수원국의 필요와 발전이라는 수원국 중심의 관점에 입각하려는 오늘날 국제사회의 개발협력에 대한 지향성과는 상충되는 측면이 있다. 이처럼 자국의 이해관계 극대화를 위해서 개발협력을 수단으로 활용하다 보면 수원국의 빈곤퇴치와 경제·사회 개발이라는 개발협력의 본질적 지향이 부분적으로 침식될 수 있고, 이는 결과적으로 공공외교 측면에서도 대상국에서 자국에 대한 우호적인 인식을 증가시키는 데도 긍정적이지 않은 영향을 미칠 수 있다. 서구가 주도해 온 과거 국제개발협력의 역사에서 정치적 동기나 경제적 동기에 기반한 개발협력이 오히려 수원국 내에서 공여국에 대한 부정적인 인식을 증가시킨 사례가 많았던 것들에 주목할 필요가 있다(Louvel, 1994).

이러한 점에서 공공외교 차원의 개발협력보다는 개발협력 차원의 공공외교라는 방향성을 가지고, 한 국가의 대외정책이라는 커다란 틀 안에서 공공외교보다 개발협력에 우위를 두는 원칙하에 이 둘 사이의 관계 설정이 필요하다. 그 성과만큼이나 많았던 한계를 직시하고 성찰하고 반성하면서, 그에 대한 대안을 만들어왔던 국제사회의 여러 개발협력 관련 행위자들의 고민이 담겨 있는 오늘날 국제개발협력의 방향성이나 권고되는 원칙들에 충실할 때, 개발협력 차원에서의 성과도 낼 수 있고 궁극적으로 이러한 성과가 공공외교적 측면에서도 긍정적인 결과를 가져올 수 있다. 이러한 맥락에서 성장 중심의 개발(growth-centered development)에서 인간 중심의 개발(people-centered development)로 전환하려는 노력들, 그리고 공여국 중심의 일방적이고 시혜적인 해외원조(foreign aid)에서 수원국 주도의 대등한 개발협력(development cooperation)으로의 방향성과 원칙을 충실히 행하는 것은 공공외교와 개발협력의 관계 설정에서 반드시 공유되어야 할 지점이다.

2) 사례연구: 미국의 에이즈 구호를 위한 대통령 비상계획

에이즈 구호를 위한 대통령 비상계획(PEPFAR: President's Emergency Plan For AIDS Relief)은 2003년 미국의 조지 W. 부시(George W. Bush) 행정부가 전 세계 HIV·AIDS 질병으로부터 고통받는 사람들을 지원하기 위해서 미국 연방정부 차원에서 대대적으로 추진한 보건 분야 국제개발협력 프로그램이다. PEPFAR는 HIV·AIDS의 예방·치료·연구 등을 위해 800억 달러 이상의 자금을 지원한 보건 분야에서 단일 국가로서는 최대 규모의 프로그램으로, 초기에는 HIV·AIDS 유병률이 높은 아프리카와 아시아의 15개국*을 대상으로 집중 지원을 시작하고

* 에티오피아, 기아나, 아이티, 보츠와나, 코트디부아르, 모잠비크, 케냐, 나이지리

그림 11-5 PEPFAR 로고

2008년부터는 전 세계 85개국으로 확대해 진행되어 왔다. 2018년 PEPFAR의 15주년을 기념하는 미 국무부의 발표에 따르면 그동안 1400만 명이 이 프로그램의 수혜를 받아 HIV·AIDS 치료를 받았으며, 그 외에도 지속적인 예방 활동으로 수천만 명의 안전에 기여해 온 것으로 평가받고 있다.•

무엇보다도 PEPFAR는 개발협력을 통해 수원국 국민들이 공여국에 대해 갖는 이미지를 개선시키는 데도 성공적이었던 대표적인 프로그램으로 평가되고 있다(Goldsmith·Horiuchi·Wood, 2014). 여기에는 개발협력 차원에서의 몇 가지 성공 요인들이 있었는데, 그중 하나가 다면적인 목표 달성을 위한 범정부 간 조율 및 협력이 성공적이었다는 점이다. PEPFAR는 미국의 국무부 주도하에 글로벌 에이즈 코디네이터 사무소(OGAC: Office of the Global AIDS Coordinator)라는 별도의 기관을 설치하여 이곳을 중심으로 주요 부처들과 기관들이 협력하는, 이 프로그램에 특화된 범정부적 거버넌스를 구축해서 운영했다. OGAC에서는 국무부, 미국국제개발청(USAID: US Agency for International development), 보건복지부, 질병통제예방센터(CDC: Centers for Disease Control and Prevention), 국방부, 상무부, 노동부, 평화봉사단(Peace Corps)이 참여해 왔다.

그러나 이러한 성과와 함께 일각에서는 그 한계도 지적되어 왔는

아, 르완다, 나미비아, 남아프리카, 우간다, 탄자니아, 잠비아, 베트남.

• https://kr.usembassy.gov/051618-presidents-emergency-plan-for-aids-relief/.

데, 가장 대표적인 것은 개발협력의 원칙보다는 그 이외의 원칙에 충실하려 했던 점들이다. 첫째는 조지 W. 부시 대통령과 부인 로라 여사의 인도주의적 동기로부터 시작되었다는 공화당 측의 담론 생산이 오히려 국내 정치적 목적을 위해서 이러한 국제개발협력 프로그램을 활용하는 것은 아닌지 의구심을 불러일으켜 미국 내에서 초당적인 협력에 지장을 주기도 했다는 점이다.• 둘째는 PEPFAR의 금욕(abstinence), 정조(befaithful), 콘돔 사용(condom use)이라는 ABC 정책이 지나치게 미국의 보수주의적 종교 이데올로기나 남성 중심주의의 영향을 받은 공여국 중심의 접근이었다는 점이다(Oliver, 2012). PEPAR는 이러한 일정 부분의 한계에도 불구하고 개발협력 차원에서의 공공외교의 대표적인 사례로 자주 인용되고 있다.

• https://www.bushcenter.org/publications/essays/pepfar.html.

참고문헌

윤석준. 2019. “잊혀진 아이들을 기억하기: 동유럽으로 간 북한의 전쟁 고아들”. ≪내일을 여는 역사≫, 74, pp.226~235.

한국국제협력단. 2013.『국제개발협력의 이해』. 한울엠플러스.

Alexander, C. 2020. "The soft power of development: Aid and assistance as public diplomacy activities." in J. Servaes(ed.) *Handbook of Communication for Development and Social Change*, pp.407~420.

Björkdahl, A. 2013. "Ideas and norms in Swedish peace policy." *Swiss Political Science Review*, 19(3), pp.322~337.

Degnbol-Martinussen, J. and P. Engberg-Pedersen. 2003. *Aid: Understanding International Development Cooperation*. London: Zed Books.

Gates, S. and A. Hoeffler. 2004. *Global Aid Allocation: Are Nordic donors different?*

Goldsmith, B. E., Y. Horiuchi and T. Wood. 2014. "Doing well by doing good: The impact of foreign aid on foreign public opinion." *Quarterly Journal of Political Science*, 9(1), pp.87~114.

Louvel, R. 1994. *Quelle Afrique pour quelle Coopération?: Mythologie de l'aide française*. Editions L'Harmattan.

Oliver, M. 2012. "The US president's emergency plan for AIDS relief: Gendering the intersections of neo-conservatism and neo-liberalism." *International Feminist Journal of Politics*, 14(2), pp.226~246.

Selbervik, H., K. Nygaard. 2006. *Nordic Exeptionalism in Development Assistance? Aid Policies and the Major Donors: The Nordic Countries*. Bergen: Chr. Michelsen Institute.

UNDP. 2009. *Capacity Development: A UNDP primer*.

12장

공공외교와 통일

1. 통일 공공외교란 무엇인가?

1) 정의와 분류

통일 공공외교(public diplomacy for Korean unification)는 한반도 평화 및 통일에 유리한 대외환경 조성이라는 목적을 가지고 북한이나 외국의 일반 대중을 대상으로 수행하는 공공외교적 성격을 지닌 일련의 활동들을 말한다. 한반도 평화와 통일이라는 우리 정부의 정책적 목표 달성을 위해서는, 한편으로 반세기 넘게 이어진 분단으로 인한 양측 국민들 간의 상호 적대적인 인식이나 편견의 극복도 필요하고, 또 다른 한편으로는 한반도 문제의 해법을 찾으려는 우리 정부의 정책과 노력에 대한 국제사회의 적극적 이해와 광범위한 지지도 필요하다.

그래서 통일 공공외교는 일반적으로 그 정책적 소구 대상(target audience)에 따라서 북한 대중을 대상으로 하는 대북 통일 공공외교와, 한반도 문제에 영향력이 있는 해외 주요국 대중을 대상으로 하는 대외 통일 공공외교로 분류된다. 대외 통일 공공외교는 정책 공공외교, 문화 공공외교, 지식 공공외교라는 우리 정부의 3대 공공외교 분야 중 정책 공공외교의 하위 영역에 속한다. 그러나 대북 통일 공공외교는 과거의 실제 사례들에 근거해 보면 문화 공공외교, 개발 공공외교, 기업 공공외교 등 다양한 공공외교의 영역이 복합적으로 작용한다.

그림 12-1 한반도기

통일 공공외교는 공공외교에 대한 서구 학계의 기존 논의들을 기준으로 보면 일종의 평화 공공외교(public diplomacy for Peace)로 분류될 수도 있다. 분쟁지역에서 평화구축(peacebuilding)과 평화유지(peacekeeping) 측면에서 공공외교가 기여해 온 사례들과 그에 대한 학술적 논의들은 통일 공공외교에서도 종종 이론적으로 유효하고 정책적으로도 적실성이 있기 때문이다. 그러나 통일 공공외교는 한반도의 지정학적 특수성에 기반하여 한국의 공공외교에만 존재하는 독특한(sui generis) 성격을 가지고 있다. 이처럼 보편성과 특수성을 동시에 가지고 있는 통일 공공외교의 이원적 성격은 서로 경쟁적이라기보다는 상보적으로 이해할 필요가 있다.

2) 주요 행위자

통일 공공외교를 포함하여 과거 우리 정부의 한반도 평화 및 통일 정책에서 주요 '행위자'는 정부행위자에만 국한되었고, 그 정부행위자도 지방정부가 아닌 사실상 중앙정부만을 의미하는 것이었다. 그러나 김대중 정부의 대북포용정책(햇볕정책) 이후 남북 교류협력에서 민간행위자 및 지방정부행위자의 역할이 크게 확대되면서, 통일 공공외교의 주요 행위자도 자연스럽게 확대되었다. 그래서 오늘날 통일 공공외교의 주요 행위자는 정부행위자로서 중앙정부와 지방정부, 그리고 민간행위자로서 NGO와 기업 등 상당히 다변화 및 세분화되어 있다.

통일 공공외교의 정부행위자로서 중앙정부는 통일부와 외교부가 그 핵심에 있다. '대북 통일 공공외교'에서 핵심적인 역할을 하는 통일부는 남북 경제협력 사업 및 사회문화교류협력 사업을 총괄하고, 다양한 민간행위자들과 이 분야들에서의 협력을 수행하고 있다. 반면, 외교부는 '대외 통일 공공외교'에서 핵심적인 역할을 담당하면서 미국, 중국, 일본, 러시아 등 주요국들에 대한 한반도 평화외교를 수행하고, 이 국가들에 대한 정책 공공외교를 강화하면서 우리 정부의 한반도 평화 및 통일 정책에 우호적인 국제환경 조성을 위해 노력하고 있다.

통일 공공외교의 또 다른 정부행위자로서 지방정부는 2000년 6·15 남북공동선언 전후로 그 역할이 본격화되기 시작했다. 강원도, 경기도, 서울시 등 대부분의 광역지자체들은 남북 교류협력을 위한 조례를 제정하여 제도적 기틀을 마련하고 남북 교류협력 기금을 조성하여 재정적 기틀을 마련했다. 이러한 토대 위에서 다양한 교류협력 사업을 추진했는데, 초반에는 주로 지방자치단체들이 주도하는 인도적

지방자치단체들의 대북 통일 공공외교

대외 통일 공공외교는 사실상 중앙정부의 배타적 영역에 해당하지만, 대북 통일 공공외교에서는 지방정부가 중앙정부의 보완재(complements) 역할을 충실히 해왔다. 그리고 남북 관계 경색기에 들어서면 지방정부가 중앙정부를 대신해 최소한의 대화채널을 유지하면서 향후 관계 개선의 돌파구 마련에 도움이 될 수 있도록 역할을 하고 있기도 하다.

2020년 1월 기준으로 전국의 17개 광역지방자치단체들은 모두 '남북 교류협력 관련 조례'를 제정했으며, '남북 교류협력 기금'의 경우에는 울산광역시와 세종특별자치시를 제외한 전국 15개 광역지자체들이 조성하여 운영하고 있다. 이는 대다수의 지방정부들이 대북 통일 공공외교를 시행할 수 있는 법적인 근거는 물론 재정적 근거도 마련해 놓은 것이다.

서울시는 남북협력추진단이라는 남북 교류협력 사업을 위한 전담 조직을 운영하고 있는데, 이들의 활동 내용에는 사실상 통일 공공외교에 해당하는 사업들이 포함되어 있다. 그리고 경기도는 통일기반조성팀, 남북교류협력팀, 정착지원팀으로 구성된 통일 기반 조성 담당관실을 운영하면서 전국 지방자치단체 중 최대의 남북 교류협력 기금을 조성해서 여러 사업들을 구상하고 있다.

지원 사업 및 지방자치단체와 북한 행정단위들과의 자매결연이 그 중심을 이루다가, 이후 점차 개발협력적 성격의 사업들로 진화해 왔다(이민규, 2018).

통일 공공외교에서 민간행위자들로서 NGO와 민간기업은 정부행위자들만큼이나 중요한 역할을 수행해 왔다. 우리민족서로돕기운동, 정토회 등의 NGO들은 1990년대 중후반부터 대북 인도적 지원 사업들을 수행하는 과정에서 북한 당국 관계자들은 물론 일반 시민들과의 접촉을 늘리며 남한에 대한 우호적 인식 증대와 협력 기반 조성에 기여해 왔다. 또한 현대그룹과 통일그룹을 필두로 한 민간기업들도 다양한 남북 경제협력 사업을 추진하면서 우호적 인식 증대와 협력 증진을 통해서 정부의 한반도 평화 및 통일 정책에 직간접적으로 기여해 왔다.

2. 대북 통일 공공외교

1) 프로파간다에서 공공외교로의 진화

대북 통일 공공외교는 과거 냉전시대 전개되던 프로파간다적 성격에서 탈냉전 이후 공공외교적 성격으로 점진적으로 진화해 왔다. 가장 대표적인 예는 남북이 모두 상대 국민들이 갖고 있는 분단체제에 대한 인식에 영향을 주기 위해서, 한국전쟁 시기부터 최근까지 '삐라'라고 불리던 양측 국민들을 대상으로 한 대규모 전단지 살포이다. 이러한 프로파간다적 활동을 통해서 남한(또는 북한) 국민들로 하여금 북한(또는 남한)의 정치·경제·사회가 우월하다는 긍정적인 이미지를 형성하게 하거나, 남한(또는 북한)의 정치·경제·사회에 문제가 많다는 부정적인 이미지를 자각하게 하는 것을 목표로 하는 것이었다.

이러한 전단지 살포가 남북 양측의 불특정 대중을 대상으로 한 프로파간다였다면, 휴전선 확성기 방송은 남북 양측의 군인들이라는 특정한 소구 대상을 목표로 한 프로파간다였다. 확성기 방송의 시작은 1962년 북한이 휴전선에 설치하고, 그다음 해 한국도 서해 군사분계선(MDL: military demarcation line) 일대에 설치하기 시작한 것으로 알려져 있다.• 휴전선 확성기 방송은 심리전 차원에서 유효한 성과가 있었다고 여겨지기 때문에 이를 둘러싼 남북 양측의 우려도 많았고, 이에 따라 남북 간 화해와 협력 분위기가 고조될 때면 가장 먼저 취해지는 조치 중 하나는 휴전선 확성기 방송 중단이었다.

• https://www.bbc.com/korean/news-43958586.

프로파간다로서 휴전선 확성기 방송

1972년 7·4 남북공동성명 채택을 계기로 남북은 분단 이후 처음으로 휴전선 확성기 방송을 중단했으나, 1980년 '아웅산 폭탄테러 사건'을 계기로 재개했다. 이후 1998년 김대중 정부의 등장 이후 2000년 첫 남북 정상회담이 개최되고, 그 후속조치의 일환으로 2004년 다시 휴전선 확성기 방송을 중단했다. 그러나 2010년 '천안함 침몰 사고'를 계기로 다시 남북은 간헐적으로 휴전선 확성기 방송을 하다가, 2017년 문재인 정부 등장 이후 2018년 남북 정상회담의 후속조치의 일환으로 남북은 휴전선에 설치했던 확성기 방송 시설을 모두 영구히 철거하는 것에 합의한다.

이러한 프로파간다적인 성격이 공공외교적인 성격으로 진화하게 된 계기는 김대중 정부의 대북포용정책(햇볕정책)이었다. 이전의 대북 프로파간다적 성격의 다양한 활동들은 점차 줄어들고, 대신 대북 공공외교라고 할 수 있는 일련의 활동들로 점진적으로 대체됐다. 이러한 일련의 활동들은 구체적으로 인도적 지원, 경제협력 사업, 문화체육 교류 등의 영역에서 전개되었는데, 그 특징은 과거 대북 프로파간다적 성격의 활동이 중앙정부행위자들 중심이었다면, 대북 공공외교적 활동은 지방정부, NGO, 민간기업 등 다양한 행위자들로 본격적으로 확대되었다는 점이다.

2) 인도적 지원 사업, 경제협력 사업, 문화체육 교류 사업

인도적 지원을 통한 대북 공공외교는 1995년 전후로 시작된 북한의 인도적 위기로 인해 시작되었다. 당시 북한의 인도적 지원에 가장 먼저 적극적으로 나선 것은 주로 유럽의 NGO들이었지만, 우리 정부는 물론 남한의 NGO들도 점진적으로 참여해 왔다. 그러나 정부의 인도적 지원은 국제기구를 통하거나 남북 양측 정부 간 대화를 통해 전개되더라도 그 배분은 북한 당국에 의해 이뤄지는 경우가 많았다. 반면 NGO들에 의한 활동은 지원 초기 배분 모니터링에 대한 여러 갈등이 있었지만 제한적이나마 북한 대중과의 접촉면이 점차 확대되어 왔다.

특히, 경제협력 사업을 통한 대북 공공외교는 이러한 북한 대중과의 접촉면을 비약적으로 확대시키는 계기가 되었다. 1998년에 시작된 금강산관광사업은 남한 관광객과 북한 주민 간의 일상적인 접촉은 이뤄질 수 없었지만, 북한 지역에 상주하게 된 남한의 현대그룹 관계자들과 그곳에서 함께 일하는 북한 관계자들 간의 일상적인 접촉이 오랫동안 이뤄졌다. 이를 통해서 사업 초기 양측 관계자들 사이에 내재해 있던 상호 적대적 인식과 편견들이 일상 접촉이 지속됨에 따라 눈에 띄게 완화되었음을 당시 관계자들은 증언하고 있다.

그리고 2003년에 착공된 개성공단사업은 남한 관계자들과 북한 노동자들과의 일상적인 접촉면을 더욱 확대했다. 금강산관광에 비해 상당히 많은 북한의 노동자들이 함께 일을 하게 되면서 일상적인 접촉면은 더욱 확대되었고, 이에 따라 자연스럽게 과거 프로파간다적 접근이 목표했던 남한에 대한 적대적 인식 감소는 물론 우호적인 인식이 증가하는 결과를 가져왔다. 개성공단의 북한 노동자들에게 간식으로 공급됐던 '초코파이'에 대한 북한 노동자들의 선호와 장마당에서 상품으로 거래되는 일상의 변화는 여러 가지 사례 중 하나였다.

문화체육 교류는 전통적으로 문화 공공외교에서 가장 유용하게 쓰이는 수단으로서, 남북 간 화해와 협력은 물론 북한의 일반 시민들에게 부담 없이 다가갈 수 있는 일종의 스포츠외교였다. 남북 문화체육 교류의 시작은 1998년 정주영 현대그룹 명예회장의 '소떼 방북'을 계

개성공단 초코파이와 공공외교

영국 일간지 ≪가디언(The Guardian)≫은 2013년 5월 1일 "초코파이가 북한 주민에게 남한의 맛을 제공한다(Choco Pies offer North Koreans a taste of the other side)"라는 기사를 통해서 "초코파이는 (북한 주민들의) 마음을 바꾸는 중요한 도구들이다(Choco Pies are an important mind-changing instrument.)"라고 이야기할 정도로 북한 주민들의 남한에 대한 두려움과 증오라는 마음의 장벽을 허무는 데 중요한 역할을 하고 있다고 보도했다.

개성공단에 입주한 일부 기업들은 "북한 노동자들의 근로의욕을 높이는 데 성과급보다 초코파이가 더 효과적이었다"라고 할 정도로 북한 주민들에게 인기를 얻었고, 이에 따라 개성공단 입주 업체들은 북한 노동자들에게 추석선물로 초코파이를 선물하기도 했다. 이처럼 개성공단을 통해서 북으로 유입된 초코파이는 장마당에서 매우 고가에 팔리는 인기 상품이 되었다.

결국 2014년에 초코파이로 인해 북한 주민들이 받는 여러 가지 영향을 우려한 북한 당국의 요청으로 초코파이는 개성공단에 더 이상 공급되지 않게 되었고, 이후 북한에서는 남한의 초코파이를 대체하기 위한 대용품으로 금컵체육인종합식료공장에서 '초콜레트 단설기'라는 유사한 상품을 생산하여 북한 시장에 유통하기 시작했다.

정세현 전 통일부장관이 국내 한 언론과의 인터뷰에서 이야기한 개성공단 초코파이에 대한 다음의 일화는 이것이 갖는 공공외교적 의미를 잘 보여주고 있다.

"(북측 노동자들이) '왜 이렇게 맛있습니까'라고 하는 초코파이를 처음에는(간식으로) 한 개씩 줬어요. 그런데 초코파이를 주는데 포장 껍질이 안 나오는 거예요. 다 자식이 있는 부모들입니다. 어디에 숨겨서 제 새끼들 먹이고 싶고. 그걸 먹은 북한의 어린이가 남조선의 과자를 먹고 적개심에 불타서 남조선을 해방시키기 위해 수령님 명령을 받들어서 총칼 들고 남침하자는 생각이 들겠어요? 그렇게 서서히 경제적으로 한 덩어리가 되면 그게 경제 통일이고, 그러면 정치 통일의 조건이 충분히 되죠"(인터뷰 녹취 자료: 뉴스타파, 2016.2.26).

기로 같은 해 9월에 평양에서 분단 사상 처음 열린 제1차 '남북통일농구대회'였다. 당시 현대그룹이 운영하던 남녀 프로 농구팀으로 구성된 남한 팀은 북한의 농구선수들과 함께 평화와 번영이라는 혼합 팀들을 구성하여 경기를 펼쳤다. 이 행사는 같은 해 12월 서울에서 제2차 남북통일농구대회와 2003년 10월 평양 류경정주영체육관 개관 기념으로 제3차 남북통일농구대회가 개최되며 남북 문화체육 교류의 중심으로 자리매김했었다.

3) 사례연구: 평양 류경정주영체육관과 통일 공공외교*

1989년부터 남북 경제협력 사업을 준비해 오던 현대그룹은 1998년 김대중 정부의 등장과 함께 시작된 대북포용정책(햇볕정책)이라는 정치적 환경 변화에 힘입어 사업 추진을 본격화한다. 당시 현대그룹의 남북경협 사업은 크게 네 가지 사업들로 구성되어 있었다. 첫째는 금강산관광지구 개발사업, 둘째는 개성공업지구 개발사업, 셋째는 사회간접자본(SOC) 개발사업, 넷째는 문화체육 교류협력 사업이다. 그중에서 문화체육 교류협력 사업은 궁극적으로 경제적 이익을 추구하기 위한 앞의 세 가지 사업들과는 달리, 남북 간 화해와 협력 분위기 조성에 기여하여 경제협력 사업이 순항할 수 있는 우호적인 사업 환경을 만들기 위해 추진된 사업이었다.

우호적인 사업 환경 조성의 대상은 북한 당국이라는 정부행위자와 북한 시민이라는 민간행위자 모두가 해당된다. 특히 그중에서 후자인 북한 시민이라는 민간행위자를 대상으로 하는 우호적인 사업 환경 조성은 사실상 공공외교적 성격을 지니고 있었다. 김대중 정부의 대북포용정책과 현대그룹의 남북경협 사업은 국가정책과 민간사업의

* 이 사례연구는 필자가 당시 현대그룹에서 남북경협 전략 기획 업무를 담당했던 현장 경험을 바탕으로 하고 있다. 이 내용은 필자의 개인적인 견해를 기반으로 한 것이며, 당시 회사 측의 입장과는 일치하지 않을 수 있다.

그림 12-2 남북통일농구대회

자료: 현대아산(주).

상이한 목표들이 남북경협 사업이라는 하나의 수단으로 구체화된 것인데, 이것이 북한 현지에서 진행되는 사업인 만큼 해당 사업에 직간접적으로 연관되는 북한 주민들이 남한과 사실상 동일시하는 현대그룹에 대해서 우호적인(혹은 비적대적인) 이미지와 태도를 갖게 되는 것은 여러모로 중요한 의미를 가지고 있었다.

이처럼 공공외교적 성격을 띠고 진행된 현대그룹의 문화체육 교류협력 사업의 대표적인 사례는 1998년부터 시작되어 2003년까지 이어진 남북통일농구대회와 평양 류경정주영체육관 남북 합동 개관 행사이다. 평양 류경정주영체육관은 현대그룹이 다양한 문화체육 교류협력 사업을 안정적으로 전개하기 위해서 1998년 남한의 현대그룹과 북한의 '조선아시아태평양평화위원회(아태)'가 평양 시내에 공동 건설한 다목적 실내체육관이다. 1998년 양측이 맺은 합의에 따라서 현대그룹은 건설에 필요한 자재와 기술을 제공하고, 아태는 토지와 노동력을 제공하여 2003년 건설을 완료한다. 그리고 그해 10월에 대규모 문화행사를 포함한 합동 개관 행사를 개최하게 된 것이었다.

그림 12-3 평양 류경정주영체육관

자료: 필자 촬영.

당시 현대그룹의 문화체육 교류협력 사업 중 평양 류경정주영체육관 건설사업은 개발협력 차원의 공공외교라기보다는 공공외교 차원의 개발협력적 성격을 지니고 있었다(이 책 11장 「공공외교와 개발」 참고). 문화 공공외교가 진행될 수 있는 대규모 인프라를 현지에 건설하고 이를 바탕으로 안정적인 협력사업을 진행하고자 함이었다. 이를 통해서 북한 주민들이 행사장이나 조선중앙TV 등 북한 매체를 통해서 정치적 의미가 배제된 남한의 스포츠와 공연 행사를 접하면서 분단 반세기 동안 경직된 남한에 대한 이미지를 완화시키는 데도 효과적일 것으로 보았고, 이러한 문화체육 분야에서의 협력이 다른 분야로 파급(spillover)되리라는 기능주의적 기대도 있었다.

2003년 10월 6일부터 9일까지 평양에서 3박 4일 동안 개최된 평양 류경정주영체육관 개관식 및 기념행사에는 당시 1만여 명의 평양 시민들과 1000여 명의 남한 방문단이 초대되어, 남북한 가수들의 공연을 함께 관람하고 제3차 남북통일농구대회를 함께 관전했다. 특히 현대가 초대한 1000여 명의 남한 방문단은 수십여 대의 버스에 나눠 타고 분단 이후 처음으로 경의선 육로를 통해서 서울을 출발해 개성을 거쳐 평양에 도착하는 장관을 연출했다. 당시 이 행사는 SBS 방송국의 생중계 장비와 인력이 함께 방북 및 동행하여 남한에 모두 생중계되었으며, 북한에서는 조선중앙TV를 통해서 녹화 중계되었다.

1만여 명의 평양 시민들이 현장에 모이고, 이후 수백만 명의 북한 시민들이 보게 된 이날 개관 행사에는 당시 남한에서 상당한 인기를 누리던 아이돌 그룹 베이비복스와 신화의 공연이 준비되어 있었다. 그 사이 많이 변화한 오늘날의 북한과는 달리 당시 기준으로는 파격적인 남한 아이돌 그룹의 옷차림과 노래들은 화기애애한 분위기에서 진행되던 평양류경정주영체육관 개관 기념행사의 분위기를 잠시 얼음처럼 만들어주기도 했다. 당시 체육관에 있던 1만여 명의 평양 관객들은 베이비복스와 신화의 공연이 진행되는 내내 모두들 정지화면처럼 굳어 있었고 공연이 끝난 이후에도 그 충격이 채 가시지 않은 듯 긴장한 분위기가 한동안 풀리지 않았다.

북한에 한류가 본격적으로 유입된 시기에 대해서 당시 남북경협 현장에 있던 여러 관계자들은 대략 이 시기를 기점으로 보는 시각이 많다. 그리고 그로부터 10여 년 후인 2014년에 북한의 모란봉악단은 마치 10여 년 전 남한의 아이돌 걸그룹 같은 복장과 율동으로 공연하며 그동안 변화한 북한의 단면을 보여주었다. 그 변화의 내용에 대한 평가는 논외로 하더라도, 적어도 남한 시민들에게는 군복을 입고 혁명가와 군가를 부르던 그 옛날 모란봉악단보다는 지금의 모란봉악단에 대해 마음의 거리가 훨씬 줄어들었을 것이다. 그리고 지난 2018년 '남북평화협력기원 평양공연'에서 레드벨벳이 15년 전 베이비복스가 공연했던 바로 그 장소에서 비슷한 공연을 했지만 북한 시민들은 이제 더 이상 2003년과 같은 당황한 표정을 보여주지 않았다.

평양 류경정주영체육관에서 15년 간격으로 있었던 남한 아이돌 그룹의 두 공연 풍경은 앞서 언급한 개성공단과 초코파이에 대한 일화와 함께 통일 공공외교에 대한 몇 가지 함의를 제공한다. 첫째는 남북 관계의 특수성 위에서 전개하는 대북 통일 공공외교는 정부행위자보다는 민간행위자 중심의 접근이 더욱 용이하고 그동안 실질적인 성과를 만들어왔다는 점이다. 정부행위자는 대북 통일 공공외교를 주도하려 하기보다는 다양한 민간행위자들이 교류협력을 용이하게 할 수 있도록 제도적 틀을 만들고 지원하는 역할에 충실하면서 오히려 그동안 부족했던 대외 통일 공공외교에 더 주력할 필요가 있다. 둘째는 대북 통일 공공외교가 남북 주민들 간의 이질성을 극복하는 문화 공공외교를 중심으로 추진되어야 한다는 점이다. 지난 남북 관계의 역사는 교류협력에 의한 기능주의적 파급효과가 경제 분야는 물론이고 문화 분야에도 존재할 수 있다는 가능성을 보여준다.

3. 대외 통일 공공외교

1) 정부행위자

대외 통일 공공외교에서 가장 중요한 대상으로 여겨지는 국가들은 북핵문제 해결을 위한 6자회담(six party talks) 당사국들로서, 한반도 문제에서 전통적인 4강으로 여겨지는 미국, 중국, 일본, 러시아다. 특히, 그중에서도 미국은 우리 정책 공공외교의 가장 중요한 대상국으로 여겨져 왔고, 이에 따라 우리 대외 통일외교 역량의 상당 부분은 미국에 초점이 맞춰져 있다. 그리고 최근 들어서는 대중국 통일 공공외교의 중요성도 빠르게 부상 중이다. 정부는 이 두 국가를 대상으로 다양한 Track 1.5(반관반민) 포럼이나 주요 인사들과의 인적 교류 강화 등을 통해 우리 정부의 한반도 평화 및 통일 정책에 대한 이해를 높이고 우호적인 분위기 조성에 노력하고 있다.

대미국 통일 공공외교는 대외 통일 공공외교 중에서 양적으로나 질적으로 가장 중심에 있었다고 평가된다(박영호, 2013). 하지만 그럼에도 불구하고 일각에서는 "정부행위자를 중심으로 한 위기관리 중심적"이었다는 한계점이 종종 지적되어 왔다(황병덕, 2013: 69). 이에 대미국 통일 공공외교는 이러한 기존 통일외교 방식의 한계점을 보완하여 행위자의 다양성 및 상시적인 외교라는 측면에서 변화가 요구되고 있다.

대중국 통일 공공외교는 "중국인들이 한반도 통일에 그다지 호의적인 입장에 있지 않다"라는 점에 주목할 필요가 있다고 지적되어 왔다(전병곤, 2013: 32). 대중국 통일 공공외교의 목적은 우리 정부의 한반도 평화 및 통일 정책에 대한 중국 정부의 암묵적 혹은 적극적 지지를 얻는 데 우호적인 환경을 조성하기 위한 것인데, 이를 위해서는 중국의 일반 시민들이 한국에 대한 우호적 인식을 넘어서 한반도의 통일에 대해서 적어도 부정적이지 않거나 가능하다면 호의적인 입장을 갖도록 하는 것이 필요하다는 것이다(전병곤, 2013: 35). 특히 과거 사드 배치와 관련된 중국 여론의 변화에 대한 경험을 바탕으로 보다 종합적인 전략이 요구된다.

한편 한반도 평화를 위한 한국 정부의 외교적 노력이 미국·중국·일본·러시아 등 기존의 전통적인 4강 중심을 넘어서 더욱 다변화될 필요가 있다는 논의가 그동안 지속적으로 진행되어 왔다. 이러한 외교의 다변화라는 측면에서 노무현, 이명박, 박근혜 정부는 다른 분야와는 달리 어느 정도 연속성을 가지고 중동과 라틴아메리카 지역으로 우리의 외교적 지평을 확대해 왔고, 문재인 정부에 들어서는 신남방정책의 일환으로 동남아시아에 대한 외교적 노력을 확대해 왔다. 이러한 맥락에서 통일 공공외교도 그 대상을 전통적인 4강 너머로 확대하는 것에 대한 공감대가 형성되어 있는데, 그 우선적인 대상 중 하나로 유럽에 대한 외교 다변화가 논의되고 있다.

그동안 유럽은 북한 핵 문제와 인권 문제에 대해 국제사회에서 규범적 영향력을 행사해 왔으며, 북한에 대한 이러한 문제 제기와는 별도로 지속적인 인도적 지원을 통해서 한반도 현안에 조용히 개입해 왔다. 이러한 맥락에서 EU와 영국 및 프랑스와 같은 주요 회원국들에 대한 통일 공공외교는 정책 공공외교 차원에서 그 필요성이 최근 대두되고 있다. 그리고 스웨덴이나 스위스와 같은 니치 행위자(Niche players) 역할을 하는 유럽 국가들에 대한 통일 공공외교의 중요성도 강조되고 있다. 이들은 그동안 북미 간에 대화의 장을 제공하는 역할(good offices)을 하면서 회담 결렬 등을 막는 여러 의미 있는 역할을 수행하기도 했다(윤석준, 2019).

2) 민간행위자

대외 통일 공공외교는 북한이라는 대상국의 특수성 때문에 국가 행위자들 중심으로만 전개될 것 같은 인식이 있다. 하지만 2000년대 초부터 최근까지 약 20여 년 동안 남북 관계의 역사적 경험에 비추어 보면 대외 통일 공공외교에서 민간행위자들도 적지 않게 의미 있는 역할들을 수행해 왔다(이 책 13장 「기업과 공공외교」 참고). 이러한 배경에는 한편으로 정부 간 관계가 대화와 대립을 반복해 왔던 남북 관계의 불안정성에 기인한 역사적 특수성, 그리고 다른 한편으로 재벌로 대표되는 대규모 기업집단들이 정치에 직간접적으로 적지 않은 영향력을 미쳐온 한국 정치·경제의 구조적 특수성이 반영된 결과이다.

특히 김대중 정부의 대북포용정책과 그 핵심적인 수단으로서의 남북 경제협력은 원칙적으로 정부 주체와 민간 주체 간의 정경분리 원칙에 입각해 추진했음에도 불구하고, 그 실질적인 추진 과정에서는 정부 정책과 민간사업간의 경계가 불분명한 측면이 있었다. 그래서 민간행위자가 대북 통일 공공외교뿐만 아니라 대외 통일 공공외교적 성격을 갖는 활동에도 적극적으로 임하는 것이 불가피했다. 남북 경제협력 사업에서 소기의 성과를 거두기 위해서는 한반도의 지정학적 맥락에서 전개되는 이 사업의 특성상 미국의 다양한 정재계는 물론 민간인사들이 이 사업에 대해 우호적인 인식을 갖거나 혹은 비판적인 시각을 완화할 필요가 있었기 때문이다.

1990년대 후반부터 남북 경제협력 사업을 주도해 왔던 현대그룹은 이러한 맥락에서 대북 통일 공공외교뿐만 아니라 대외 통일 공공외교에서도 다양한 활동들을 수행해 왔다. 민간 주체임에도 불구하고 전통적인 외교의 틀을 벗어나 정부 주체와 민간 주체를 모두 대상으로 하는 정책 외교적 성격의 노력을 경주해 왔다. 이는 한국에서 비공식적으로 진행되는 일반적인 로비와 달리 공식적인 행사들을 중심으로 진행됐다는 점에 그 차별성이 있다. 특히 정부의 대북포용정책과 현대그룹의 남북경협 사업이 주체는 분리되었지만 그 정책이나 사업 내용에서는 사실상 동일하게 전개되었다는 점에서 과거 한국 사회 고도 성장기 정부와 재벌의 정경유착과는 그 성격이 달랐다.

이러한 맥락에서 민간 주체에 의해 추진된 가장 대표적인 대외 통일 공공외교는 한국에 체류 중인 주요 외국 인사들을 중심으로 이 사업에 대한 이해를 높이고 오해를 불식하기 위한 노력을 해온 것이다. 현대그룹은 남북경협 사업 추진 과정에서 주한 미국 대사관을 포함해서 여러 주한 외국공관들과 주한 미국상공회의소 및 주한 유럽상공회의소 등을 중심으로 한 외국 기업인들을 대상으로 남북경협 사업과 관련된 여러 대화의 기회를 만들었다. 또한 주한 외국 대사들을 금강산에 초청하거나 Track 1.5 포럼과 같은 곳에서 적극적으로 만나 남북경협 사업의 의의를 설명하고, 일부 언론 보도들로 인한 오해를 해소하려는 노력을 해왔다.

2000년대 초반 금강산 육로 관광 실시를 위해서는 비무장지대에 대한 실질적인 통행 허가권이 있는 유엔군사령관 겸 주한미군 사령관의 실질적 동의가 필요했기 때문에, 이에 대한 정부 차원의 노력과는 별도로 현대그룹은 사업자로서 남북경협 사업의 의의나 현황을 설명하는 기회를 만들기도 했다. 그리고 해외 언론들의 금강산 관광이나 개성공단에 대한 취재를 선제적으로 적극 지원하면서 미국을 중심으로 한 해외 주요국들의 여론이 우호적으로 형성될 수 있도록 노력을 경주했다. 또한 해외 학계나 전문가들의 남북경협 사업에 대한 다양한 관심과 요구에도 적극 협력하면서 남북경협 사업을 중심으로 한 대북포용정책의 의의를 설득해 왔다.

참고문헌

박영호·김동수·박인휘·정기웅. 2013. 『한국의 대미국 통일공공외교 실태』. 통일연구원.

백우열. 2015. 「한국의 대중국 공공외교 전략과 실행 분석」. ≪한국과 국제정치≫, 31(3), 115~142쪽.

윤석준. 2019. 『대유럽 정책공공외교 전략 수립 연구』. 외교부.

이기태·김두승·송화섭. 2013. 『한국의 대일본 통일공공외교 실태』. 통일연구원.

이민규. 2018. 『서울시 남북 교류협력 추진전략: 지방자치단체 역할 중심으로』. 서울연구원.

전병곤·이기현·신상진·이동률. 2013. 『한국의 대중국 통일공공외교 실태』. 통일연구원.

조한범·김현택·서동주. 2013. 『한국의 대러시아 통일공공외교 실태』. 통일연구원.

황병덕 외. 2012. 『한반도 통일 공공외교 추진전략(I): 공공외교의 이론적 조명과 한반도 주변4국의 대한국 통일 공공외교』. 통일연구원.

황병덕 외. 2013. 『한반도 통일 공공외교 추진전략(II): 한국의 주변4국 통일공공외교의 실태 연구』. 통일연구원.

Handelman, S. 2012. "Two complementary settings of peace-making diplomacy: Political-elite diplomacy and public diplomacy." *Diplomacy & Statecraft*, 23(1), pp.162~178.

Mo, J. and K. S. Hahn. 2005. "Public diplomacy and North Korea policy: diverging effects of US messages in the United States and South Korea." *Journal of East Asian Studies*, 5(2), pp.191~214.

5부

공공외교의 새로운 영역

U N D E R S T A N D I N G
P U B L I C
D I P L O M A C Y

13장

기업과 공공외교

1. 기업 공공외교의 정의

1) 기업 공공외교란 무엇인가?

공공외교의 주체로서 기업 행위자(business actors)가 본격적으로 주목을 받기 시작한 것은 2000년대 이후부터이다. 그동안 국제관계에서 기업 행위자의 역할은 정부행위자들이 주도하는 국제질서의 현실에서 부수적인 역할을 하는 정도로 여겨지거나, 대리인을 앞세운 비공개적이고 비공식적 로비 활동을 통해 타국 정부를 상대로 기업의 이해관계를 극대화하려는 제로섬 구도에서의 이기적인 행위자로 여겨지고는 했다. 그러나 오늘날 일부 기업들은 외국 정부와 직접 접촉을 통해서 타국 정책에 영향을 미치려 노력하는 등 전통적인 외교에서는 볼 수 없었던 역할을 수행하기도 하고, 그와 동시에 외국 시민들을 대상으로 기업 활동에 유리한 환경을 만들기 위한 공공외교 활동도 병행하는 추세로 가고 있다.

기업 공공외교(corporate public diplomacy)는 민간기업이 주체가 되어 타국의 대중에게 자사의 이미지에 결부되는 자국의 이미지를 긍정적으로 형성하는 데 기여하여, 자사 및 자국의 이익에 부합하는 정책이 형성될 수 있는 우호적인 환경을 조성하는 일련의 활동을 의미한다. 기업 공공외교는 그동안 서구 학계에서 기업외교(corporate diplomacy)라는 용어로 주로 통용되어 오다가, 최근 몇 년 전부터 기업외교보다는 기업 공공외교라는 용어의 사용이 빠르게 증가하고 있는 추세이다. 기업 공공외교는 민간행위자가 기업의 이익과 국가의 이익을 연계하여 해외 대중을 대상으로 기업과 국가에 대한 인식 제고를 통합적으로 추진한다는 점에 가장 큰 특징이 있다. 이러한 점에서 기업의 이익 추구에 초점이 맞춰진 공중관계(PR)와도 차이가 있다.

기업 행위자가 기업의 이익과 국가의 이익을 연계하여 공공외교를 추진하는 이유는 외국에서 국가의 이미지가 기업의 이미지에 영향을 주고, 그와 동시에 기업의 이미지가 국가의 이미지에도 영향을 주기 때문이다. 그리고 이러한 기업 공공외교가 국가행위자에게도 중요한 의미를 갖는 이유는, 해외에 진출해 사업을 영위하는 자국 기업이 그 사회에서 요구되는 책임을 다하지 않아 부정적인 인식이 확산될 경우 이것이 현지에서 해당 기업의 모국에 대한 부정적인 인식으로 이어질 수 있기 때문이다. 즉, 기업 공공외교는 긍정적인 이미지와 평판을 얻기 위해서뿐만 아니라 부정적인 이미지와 평판을 얻지 않기 위한 노력이기도 하다. 그러한 의미에서 기업 공공외교는 점점 정부와 민간이 협력하는 네트워크로 묘사될 수 있는 일종의 협력 프로세스로 진화하고 있다(Lee, 2004).

2) 기업 공공외교와 유사한 개념들

비즈니스외교, 경제외교, 상업외교

기업 공공외교의 의미로 사용되어 온 기업외교와 유사한 개념으로는 비즈니스외교(business diplomacy), 경제외교(economic diplomacy), 상업외교(commercial diplomacy)가 있다(White, 2015). 이러한 개념들은 언론에서 종종 혼용되기도 하지만, 학계의 관련 연구들에서는 이러한 개념들의 의미적 변별 지점을 다음과 같은 세 가지 측면에서 비교적 명확히 구분해 왔다. 첫째는 외교의 주체 문제로서, 기업 활동과 연관된 해당 외교 활동에서 주요 행위자가 누구인지에 대한 것이다. 둘째는 외교의 기능과 목표로서, 어느 행위자의 이익을 위한 것인지에 대한 것이다. 셋째는 외교의 효과로서, 단기적·장기적 그리고 직접적·간접적 효과에 대한 것이다.

비즈니스외교는 민간기업들이 특정한 경영상 목표를 달성하기 위해서 타국의 정부를 상대로 수행하는 일종의 외교 행위이다. 일반적으로 비즈니스외교의 주체는 민간기업들이고 국가행위자들인 외교관들은 주요 행위자가 아니다. 다만, 비즈니스외교가 국가 이익이나 정부 정책에 일치하는 등의 이유로 필요하다면 정부가 경제외교나 상업외교를 통해서 비즈니스외교를 지원하는 경우가 있다. 비즈니스외교는 기업외교와 가장 유사한 개념으로 사용되어 온 경향이 있지만, 전자는 상대적으로 단기적이고 직접적인 성과를 목표로 하는 데 반해서 후자는 좀 더 중장기적이고 간접적인 효과를 목표로 한다는 점에서 차이가 있다.

표 13-1 기업 외교와 유사한 개념들과의 비교

구분	기능 및 목표	주요 행위자
비즈니스외교 (Business diplomacy)	기업의 특정한 비즈니스 목표를 달성하기 위한 기능	주요 행위자는 비국가행위자들인 기업들(일반적으로 정부의 외교관들과는 별개로 독립적 활동)
경제외교 (Economic diplomacy)	국가의 경제 이익을 위한 우호적인 정책 형성	주요 행위자는 정부 외교관들(때때로 비즈니스 리더들과 함께 호흡을 맞춰 일함)
상업외교 (Commercial diplomacy)	자국 재계(산업 및 금융)를 위한 우호적인 정책 형성	주요 행위자는 정부 외교관들(때때로 비즈니스 리더들과 함께 호흡을 맞춰 일함)
기업외교 (Corporate diplomacy)	의도하건 의도하지 않건 간에 모국, 기업, 비즈니스의 이미지와 평판에 영향을 주기 위한 활동	주요 행위자는 비국가행위자인 기업들(때때로 정부 외교관들과 함께 호흡을 맞춰 일함)

자료: White(2015: 310) 자료를 필자가 수정 및 보완.

경제외교는 정부행위자들이 국가적 경제 이익을 위해서 타국의 정책 형성에 영향을 주기 위해 수행하는 일련의 외교 행위들을 말한다. 비즈니스외교와는 달리 경제외교의 주체 및 대상은 모두 정부행위자들이며, 이러한 이유로 기업외교와 유사한 개념들 중에서 가장 전통적인 외교의 성격이 강하고 공공외교의 성격과는 다소 거리가 있다. 이러한 경제외교 수행 과정 중 필요에 따라서는 비즈니스 리더 등 민간행위자들과 호흡을 맞추고 함께 활동하기도 하지만, 경제외교에서 민간행위자들의 독자적인 역할은 상당히 제한적이거나 정부행위자들에 대한 보완재적인 성격에 그친다.

상업외교는 자국 재계(산업 및 금융)를 위한 우호적인 정책 형성을 도모하는 외교 활동으로서 주요 행위자는 정부 외교관들이며(때때로 비즈니스 리더들과 함께 호흡을 맞춰 일한다), 상업외교의 직접적 수혜자는 자국의 민간기업이지만 간접적으로 국가 경제에도 기여한다는 시각이 반영되어 있다. 1990년대 후반부터 영국 정부 외교정책에 기업들이 미치는 영향력이 증가하면서 상업외교가 발전하게 된 것이 대표적인 사례이다(LEE, 2004). 이러한 상업외교는 국가와 기업의 행위자 및 이익이 결합되는 현상에 대해서 국가의 이익이 기업의 이익과 동일시될 수 있는지에 대한 다양한 논란을 낳고 있다.

2. 기업 공공외교의 진화

기업 공공외교의 역사는 해외에 진출한 기업들이 현지에서 수행한 기업후원 문화활동(corporate-sponsored cultural activities)에서부터 시작됐다. 기업 후원 문화활동은 많은 경우 문화 마케팅(cultural marketing) 차원에서 시작되었지만 이러한 활동들이 해당 국가에서 자국의 이미지와 연관되는 경우들이 많아지자 이것을 공공외교적 차원으로 발전시켜 가고 있다. 그리고 1990년대 이후로 기업의 사회적 책임(CSR: corporate social responsibility)에 기반한 경영이 주요 대기업들에게 보편화되면서 이것을 공공외교적 차원에서 접근하는 경향도 나타났고, 이는 최근 들어 기업시민성(corporate citizenship)이라는 새로운 논의로 진화해 가는 중이다. 기업 공공외교는 최근 한국 대기업들의 해외 경영에도 빠르게 적용되고 있는데, 이러한 활동들은 해외 사업을 진행하고 있는 현지 국가들에서 해당 기업은 물론 모국의 이미지와 평판에도 상당한 영향을 미치고 있다.

1) 기업후원 문화활동

기업후원 문화활동(corporate-sponsored cultural activities)은 일반적으로 메세나(mecenat) 활동이라는 용어로 사용된다. 메세나 활동이란 기업이 문화·예술 분야에 대한 지원을 통해 사회에 공헌하는 활동을 총칭하는 용어로서, 로마제국 시대 예술가들의 활동을 재정적으로 후원해 주었던 아우구스투스 황제의 측근이자 정치인인 가이우스 마에케나스(Gaius Mæcenas)의 이름에서 유래한다. 서구 역사에서는 중세 이탈리아 피렌체(Firenze)의 메디치(Medici) 가문, 페라라(Ferrara)의 에르콜레 1세 데스테(Ercole I d'Este) 가문, 시에나(Siena)의 아고스티노 키지(Agostino Chigi) 가문 등이 예술가들을 후원하면서 르네상스 예술을 꽃피운 것을 대표적인 메세나 활동으로 여기는데, 현대적으로는 20세기 초반부터 유럽과 미국의 일부 기업들이 문화·예술 등에 대한 여러 가지 지원 사업들을 수행하면서 기업후원 문화활동이라는 지금 일반적으로 통용되는 의미로 사용되기 시작한다(De Grummond, 2015: 266~267, 403~404, 737~41).

20세기 중반까지 기업후원 문화활동은 국가라는 테두리 안에서 진행되는 것이 일반적이었으나, 1980년대 이후 세계화의 영향으로 기업의 활동이 국경과 대륙을 넘나들게 되면서 해외에서의 기업후원 문화활동도 활발히 전개된다. 해외에서의 기업후원 문화활동은 초기에는 문화 마케팅의 일환으로 기업의 인지도를 높이고 브랜드 가치를 상승시키는 방향으로 활용되어 왔다. 그러나 점차 현지에서 메세나 활동을 통한 기업의 공익적 이미지 제고와 동시에 현지에서 기업 모국의 위상 강화를 위해서도 활용된다. 해외에 진출한 기업들의 경우 현지에서 특정 국가의 기업으로 인식되는 경우가 많기 때문에 국가의 이미지가 곧 기업의 이미지에 영향을 주는 경우가 많기 때문이다(White and Kolesnicov, 2015). 그리고 그 역방향으로 해외에서 활동하는 기업의 이미지가 그 국가의 이미지에 영향을 주는 경우도 많은 것으로 나타난다(Lopez·Gotsi ·Andriopoulos, 2011).

이러한 기업 공공외교의 일환으로 전개되는 기업후원 문화활동의 대표적인 사례 중 하나는 대한항공의 해외 주요 박물관 후원 사업이다. 이 프로젝트를 통해 대한항공은 프랑스의 루브르박물관(Le Musée du Louvre) 및 오르세미술관(Le Musée d'Orsay), 영국의 대영박물관(The British Museum), 러시아의 에르미타주미술관(The Hermitage Museum)과 후원 협약을 맺고 기존의 영어·프랑스어·스페인어·독일어·이탈리아어·일본어·중국어 안내 서비스 이외에 한국어 안내 서비스도 이루어지도록 후원을 하고 있다. 대한항공의 이러한 기업후원 문화활동은 전 세계에서 이 세계 유수의 박물관들을 찾은 수많은 방문객에게 한국이라는 나라와 한국어에 대한 인지도를 높여주면서 주요국으로 평가되도록 하는 효과를 거두었으며, 이는 기업의 문화 마케팅을 통한 기업 이미지 제고뿐 아니라 현지에서 국가의 위상 강화와 이미지 향상에도 기여하는 효과를 거두었다(유창조·안광호·김동훈, 2009: 17).

2) 기업의 사회적 책임

기업의 사회적 책임(CSR: corporate social responsibility)이라는 개념의 첫 등장과 관련해서 북미권 학계는 1950~1960년대 비즈니스를 소재로 한 문학작품들에서 그 기원을 찾는다. 대표적인 사례가 1953년

하워드 보웬(Howard R. Bowen)이 쓴 『사업가의 사회적 책임(Social Responsabilities of the Businessman)』이라는 작품과 1961년 조지 고이더(George Goyder)가 쓴 『책임감 있는 기업(The Responsible Corporation)』이라는 작품인데, 특히 이 시기에 미국과 캐나다에서 기업의 사회적 책임을 언급하는 작품들이 여럿 등장했다는 사실에 주목한다(Banerjee, 2009: 7).

반면, 유럽 대륙권 학계에서는 기업의 사회적 책임이 가톨릭의 사회교리(Compendium of the Social Doctrine of the Church)에서 유래했다고 본다(Acquier·Gond·Igalens, 2005: 6~7). 이러한 차이가 오늘날 영미권과 유럽 대륙권에서 기업의 사회적 책임에 대해 상이하게 접근하는 결과(Anglo-American versus Continental European approaches to CSR)를 가져오고 있지만, 양측 모두 기업의 사회적 책임 논의가 본격화된 것은 1960~1970년대 이후 환경과 개발에 대한 시민사회의 요구에 의한 것이라는 시각을 공유한다(Williams·Aguilera, 2008).

기업의 사회적 책임의 정의와 관련해서 유엔산업개발기구(UNIDO)는 이를 "기업이 비즈니스 운영 및 이해관계자와의 상호작용에서 사회적 및 환경적 관심사를 통합하는 관리 개념"으로서 "기업이 경제적·환경적·사회적 의무에 있어서 균형을 추구하는 동시에 주주 및 이해관계자의 기대를 충족시키는 방법"으로 정의하고 있다.• 즉 오늘날 기업이 단순히 경제적 역할을 하는 주체를 넘어서, 경영활동 과정 중

• https://www.unido.org/our-focus/advancing-economic-competitiveness/competitive-trade-capacities-and-corporate-responsibility/corporate-social-responsibility-market-integration/what-csr.

파급 혹은 동반되는 정치·경제·사회·환경 등에서의 영향력을 고려해 사회적 역할을 하는 주체로서도 책임감 있는 경영활동을 수행해야 한다는 규범적인 성격의 개념인 것이다.

그런데 이러한 기업의 사회적 책임이 공공외교 차원에서도 논의되기 시작하는 것은 해외에 진출하여 사업을 운영하는 기업의 이미지가 모국의 국가적 이미지나 명성에도 영향을 미칠 수 있기 때문이다(Lopez and Andriopoulos, 2011). 기업으로서는 이러한 공공외교적 효과가 해외에서 수행하는 기업의 사회적 책임 활동의 주된 목표가 아니었을지라도 의도하지 않은 결과를 가져오고 있다는 것이다(White, 2015: 311).

오늘날 기업의 사회적 책임은 해외에 진출해 있는 많은 한국의 대기업들이 경영활동에 적용하여 실천해 오고 있는 영역이다. 그중에서도 전 세계 72개국에서 31만 명의 임직원을 두고 해외에 진출한 국내 기업들 중 가장 많은 글로벌 사업장을 운영하는 삼성전자는 기업의 사회적 책임을 해외 경영 현장에 도입하는 데 가장 적극적인 노력을 수행해 왔다. 물론 과거 일부 해외법인들이 임직원의 노조 활동을 존중하지 않는 등 잘못된 관행에서 벗어나지 못해 글로벌 스탠더드에 미치지 못한 것을 자성한 바도 있었지만, 다른 한편으로 해외 현지 경영 과정에서 기업의 사회적 책임과 관련하여 의미 있는 시도를 통해 성과를 거두고 국제사회의 주목을 받기도 했다. 그 가장 대표적인 사례 중 하나는 삼성전자가 인도에서 기술학교(Samsung Technical School)를 설립·운영하며 여성에 대한 차별이 상존하는 현지에서 여성 엔지니어들을 양성해 온 사업이다(Atrey, 2020: 222). 이 지원 사업은 양성평등 및 여성 인권신장을 위한 개발도상국에서의 기업의 사회적 책임 활동으로서 현지 사회는 물론이고 국제사회의 주목과 호평을 받아왔다.

3) 기업시민성

기업시민성(corporate citizenship)은 "기업의 사회적 책임이나 기업 공유가치(CSV: corporate shared value) 개념을 넘어서 국가와 시민사회의 요청에 응답하려는 보다 적극적인 행동 개념이자 정체성 변환 개념"으로서, "경제 생태계의 구성원인 임직원, 고객, 협력사, 경쟁사를 포함하여 노동조합, 경제단체와 시민단체, 여타 경제적·사회적 이해관계자들의 공익 증진을 위해 더불어 나가는 공진화 모델"로 정의할 수 있다(송호근 외, 2019: 5). 이는 기존 기업의 사회적 책임이라는 개념이 기업을 본질적으로 시민과는 다른 이질적인 존재로 전제하고, 때로는 시혜적 성격의 책임을 부과하는 것처럼 여겨질 여지가 있었다는 한계를 넘어서기 위해 태동한 개념이다. 기업시민성은 기업이 사회를 구성하는 시민의 일원으로서 마땅히 공동체 안에서 함께 각자의 역할과 의무를 다할 수 있도록 사회 안에 기업의 위치를 재정립하는 개념이다. 즉 기업을 사회적 책임에서 대상화하지 않고 사회적 시민으로서 주체화해 더욱 능동적으로 사회적 역할과 의무를 수행하도록 독려하는 것이다(Matten·Crane, 2005: 169~171).

포스코는 2018년부터 국내에서 기업시민성을 경영이념으로 가장 선도적으로 도입해 이 부문에서 국내 대기업들 중 가장 두드러진 경영을 펼치고 있다.• 포스코가 이처럼 기업시민성에 적극적으로 나서게

• POSCO의 기업시민성과 관련된 국내 핵심 목표는 ① 이해관계자와 협력 및 상생

그림 13-1 POSCO의 기업 시민 경영이념: 더불어 함께 발전하는 기업 시민

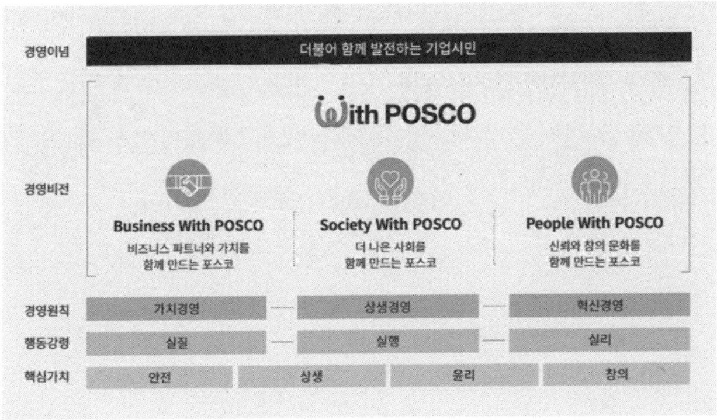

자료: POSCO.

된 배경에는 과거 2000년대 중후반 인도 오리사주(Orissa)에 일관 제철소 건립을 추진하는 과정에서 인권 및 환경 문제와 관련되어 현지는 물론 국제사회의 비판을 받았던 일이 있다. 당시 이러한 비판으로 인해 기업 이미지는 물론 국가 이미지에도 부정적인 영향을 미쳤던 경험이 있었고, 이후 포스코는 기업의 사회적 책임의 중요성에 공감하고 이를 적극적으로 추진하는 방향으로 경영이념을 빠르게 진화해 왔다. 포스코는 기업의 사회적 책임을 넘어 기업시민성을 핵심적인 경영이념으로 도입하고 국내 경영 현장은 물론 해외 경영 현장에서도 이를 적용하기 위해 최근 '글로벌 인권경영'이라는 기치를 내세우고 있다.

하는 동반성장, ② 저출산 해법의 모범적 사례 제시를 위한 기업 차원의 노력, ③ 철강 기술을 활용한 해양생태계 복원을 위한 바다숲 조성, ④ 청년들의 취업과 창업을 지원하는 교육 프로그램 운영, ⑤ 미래 신성장동력과 지역경제 활성화에 기여하는 벤처 플랫폼 구축, ⑥ UN SDGs를 실천하는 글로벌 모범시민 되기 및 만들기 등의 6대 사업 추진이다.

이에 따라 포스코는 인권 및 노동에 대한 국제기준을 존중하는 차원에서 2011년 UN이 '기업과 인권에 대한 이행 원칙'에서 명시한 인권침해 소지에 대한 실사(Human Rights Due-Diligence) 프로세스를 해외 사업장에 도입해 운영하는 등 다양한 차원에서 기업시민성의 이념을 경영에 적극 반영해 가고 있다(이상수, 2015; POSCO, 2019).

참고문헌

송호근 외. 2019.『기업시민의 길: 되기와 만들기』. 나남 출판사

유창조·안광호·김동훈. 2009.「대한항공의 문화마케팅 전략」. ≪Asia Marketing Journal≫, 11(3), 167~184쪽.

이상수. 2015.「인권실사의 개념과 법제도화 가능성」. ≪법과기업연구≫, 5(1), 71~103쪽.

Acquier, A., J. P. Gond and J. Igalens. 2005. "Des fondements religieux de la responsabilité sociale de l'entreprise à la responsabilité sociale de l'entreprise comme religion." *Cahier de Recherche*, 2005-166, pp.1~31.

Atrey, R. R. 2020. *Exploring Corporate Social Responsibility: Fundamentals and Implementation*. Delhi: Studera Press.

Banerjee, S. B. 2009. *Corporate Social Responsibility: The Good, the bad and the ugly*. Cheltenham: Edward Elgar Publishing.

De Grummond, N. T. 2015. *Encyclopedia of the History of Classical Archaeology*. Abingdon: Routledge.

Ingenhoff, D., and S. Marschlich. 2019. "Corporate diplomacy and political CSR: Similarities, differences and theoretical implications." *Public Relations Review*, 45(2), pp.348~371.

Lee, D. 2004. "The growing influence of business in UK diplomacy." *International Studies Perspectives*, 5(1), pp.50~54.

Lopez, C., M. Gotsi and C. Andriopoulos. 2011. "Conceptualising the influence of corporate image on country image." *European Journal of Marketing*. 45(11/12), pp.1601~1641

Matten, D., and A. Crane. 2005. "Corporate citizenship: Toward an extended theoretical conceptualization." *Academy of Management Review*, 30(1), pp.166~179.

Mogensen, K. 2017. "From public relations to corporate public diplomacy." *Public Relations Review*, 43(3), pp.605~614.

Mogensen, K. 2019. "Legitimacy issues in corporate public diplomacy." *Handbook of Business Legitimacy: Responsibility, ethics and society*, pp.1~17.

POSCO. 2019. *POSCO Corporate Citizenship Report 2019*. POSCO.

Saner, R., and L. Yiu. 2005. "Swiss executives as business diplomats in the new Europe: Evidence from Swiss pharmaceutical and agro-industrial global companies." *Organizational Dynamics*, 34(3), pp.298~312.

White, C. L. 2015. "Exploring the role of private-sector corporations in public diplomacy." *Public Relations Inquiry*, 4(3), pp.305~321.

White, C., and I. Kolesnicov.2015. "Nation branding in a transitional democracy: The role of corporate diplomacy in promoting national identity." *Place Branding and Public Diplomacy*, 11(4), pp.324~337.

Williams, C. and V. Aguilera. 2008. "Corporate social responsibility in a comparative perspective." *Oxford Handbook of Corporate Social Responsibility*. Oxford University Press. pp.452~472.

14장

지방정부와 공공외교

1. 공공외교 행위자로서 지방정부

공공외교의 주요 행위자는 크게 정부행위자와 비정부행위자로 나뉘는데, 그중 정부행위자는 다시 중앙정부행위자와 지방정부행위자로 나뉜다. 일반적인 국제관계는 물론이고 공공외교에서 지방정부행위자들의 역할이 주목을 받기 시작한 것은 주로 연방국가의 하부단위인 주 단위의 행위자들이 투자, 무역, 환경 등의 이슈 영역과 관련된 대외활동을 활발히 전개해 왔기 때문이다. 미국이나 호주의 주(states), 캐나다의 주(provinces), 스위스의 칸톤(cantons), 독일과 오스트리아의 주(lander), 스페인의 지방(regions), 벨기에의 왈론(Walloon)과 플레미시 지역(Flemish segments) 등과 같은 연방국가의 하부단위들이 주로 탈중앙화된 외교행위자로서 지방정부의 역할에 대한 사례로 주목받아 왔다(Michelmann·Soldatos, 1990).

이처럼 국제관계에서 지방정부행위자들의 외교는 기존의 중앙정부 중심의 전통외교와 대비시켜 준외교(paradiplomacy)라는 용어를 사용해 왔다(Aldecoa·Keating, 2013; Kuznetsov, 2014). 연방을 구성하는 하부 단위들은 본질적으로 국가적 속성을 일부 지니고 있기 때문에 연방정부에 배타적 권한이 있는 외교와 국방 영역을 제외한 통상, 무역, 환경 등에서 다른 주권국가들과 실질적인 외교 활동이 가능하다. 그러나 준외교라는 표현은 지방정부의 외교 활동을 중앙정부의 외교와 동등한 수준으로 인정하지 않는 의미가 담겨 있기 때문에 오늘날 국제관계에서 적극적인 외교 활동을 수행하고 있는 일부 지방정부행위자들은 준외교 대신에 하위국가외교(sub-state diplomacy)라는 용어의 사용을 선호한다. 그리고 이러한 연방 차원의 하위국가외교와는 달리, 연방국가가 아니라 주요 국가의 대도시를 중심으로 지방정부가 별도의 외교적 활동을 수행하는 경우가 있는데, 이 경우에는 도시외교라는 용어가 주로 사용된다.

지방정부 공공외교(sub-state public diplomacy, city public diplomacy)는 하위국가외교와 도시외교의 일환으로 전개되는 공공외교로서, 지방정부행위자들이 자기 지역이나 도시에 대해 해외 대중에게 차별화된 정체성과 우호적 이미지를 심어줌으로써 국내 정치나 국제관계에서 이익을 극대화할 수 있는 여론과 정책 환경을 조성하는 일련의 외교 활동을 의미한다. 지방정부 공공외교의 목표인 해당 지역이나 도시의 이익은 지방정부 주체별로 조금씩 다를 수 있다. 중앙정부로부터의 분리독립(separation and independence)을 추진하는 연방국가의 주들은 대내외적으로 여론을 조성하기 위해 지방정부 공공외교를 활발히 전개한다. 캐나다의 퀘벡주와 스페인의 카탈루냐 지방이 대표적인

그림 14-1 **지방정부 외교 행위의 속성**

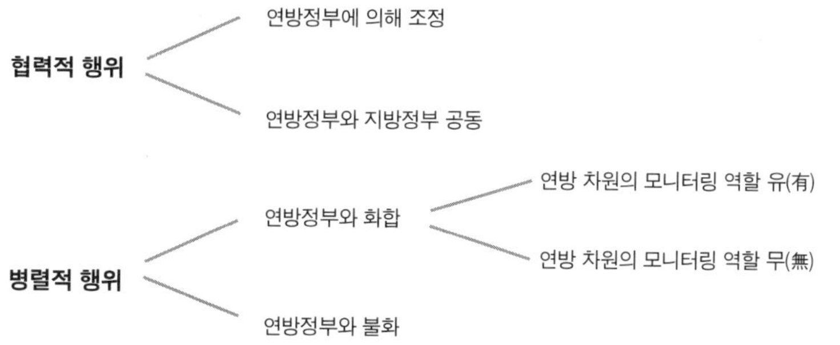

자료: Michelmann and Soldatos(1990: 38).

사례이다. 그리고 주요국 대도시들의 경우에는 도시 정체성이나 도시 브랜딩을 강화해 관광객 유치 등 경제적 이익을 얻으려고 지방정부 공공외교를 활발히 전개한다. 미국의 뉴욕시와 프랑스의 파리시가 그 대표적인 경우이다.

지방정부 공공외교는 중앙정부 공공외교와의 관계 설정 양태에 따라 다양한 방식으로 전개된다. 첫째, 지방정부와 중앙정부가 협력적인 관계(co-operative action)로, 지원적 성격(supportive)을 띠는 경우이다. 이 경우 연방정부 주도로 협력이 이루어질 수도 있고(co-ordinated by the federal government), 연방정부와 지방정부가 대등하게 공동으로 진행하는 것도 가능하다(joint federal government-federated unit). 앞서 언급한 미국의 뉴욕시와 프랑스의 파리시 등 주요 도시들이 수행하는 도시외교가 이에 속한다. 둘째, 지방정부가 중앙정부와는 완전히 독립적인 관계(parallel action)하에 대체재 성격(substitutive)으로 진행하는 경우가 있다. 이 경우에는 중앙정부와 갈등 없이 조화롭게(in harmony) 진행하는 경우도 있지만, 중앙정부와 갈등을 겪으며(in disharmony) 진행되는

한국의 지방 공공외교

한국은 2016년 범정부적 차원에서 공공외교를 통합적·체계적으로 추진하기 위해 '공공외교법'을 제정하면서 제2조에 공공외교의 주체로서 지방자치단체를 규정하고 있다. 그러나 그 성격은 중앙정부를 중심으로 지방정부가 협력하는 형태임을 강조하고 있다:

제2조(정의)
이 법에서 "공공외교"란 국가가 직접 또는 지방자치단체 및 민간부문과 협력하여 문화, 지식, 정책 등을 통해 대한민국에 대한 외국 국민들의 이해와 신뢰를 증진시키는 외교 활동을 말한다.

그리고 동법 제6조에서 공공외교 기본계획의 수립은 중앙정부와 지방정부가 5년마다 함께 수립하는 것으로서, 중앙정부는 이 기본계획에 따른 지방정부의 공공외교 활동에 대한 지원방안을 마련해야 한다고 규정하고 있다:

제6조(공공외교 기본계획의 수립)
① 외교부장관은 관계 중앙행정기관의 장 및 특별시장·광역시장·특별자치시장·도지사·특별자치도지사(이하 "시·도지사"라 한다)와 협의하여 공공외교 기본계획(이하 "기본계획"이라 한다)을 5년마다 수립하여야 한다.
② 기본계획에는 다음 각 호의 사항이 포함되어야 한다.
......
5. 공공외교를 위한 지방자치단체에 대한 지원방안

이에 따라 제1차 대한민국 공공외교 기본계획(2017-2021)에는 수행 주체로서 지자체의 역할로서, 기본계획에 따라 연간 시행계획을 외교부에 제출하게 되어 있고 지자체 차원의 공공외교 활동 수행 및 실적을 제출하게 되어있다.

(자료: 국가법령정보, http://www.law.go.kr)

경우도 있다. 캐나다의 퀘벡주와 스페인의 카탈루냐 지방이 각각 이러한 경우에 해당한다(Michelmann·Soldatos, 1990: 37~39).

2. 캐나다 퀘벡주의 지방정부 공공외교

캐나다 퀘벡주는 "캐나다 안의 프랑스"로 불리는 프랑스어권 지역으로서 캐나다 안에서도 다수를 차지하는 영어권 지역과 언어-종교-문화적으로 상이한 전통이 있고, 이에 따라 교육적·사회적으로도 캐나다 내에서 차별화된 양상을 보여주는 지역이다. 퀘벡은 역사적으로 1534년 프랑스의 탐험가 자크 카르티에(Jacques Cartier)가 처음 도착해 프랑스 식민지를 건설하고 누벨 프랑스(Nouvelle-France)로 명명했던 곳이다. 1763년 프랑스가 퀘벡의 통치권을 영국에 이양하자, 영국은 영국인 정착자들을 어퍼 캐나다(Upper Canada)에, 프랑스 정착자들은 로워 캐나다(Lower Canada)에 각각 분리해 이주시켰다. 그러나 1800년대 중반, 영국의 통치에 대항해 프랑스 정착자들 중심으로 반란이 일어난 뒤 영국령 캐나다가 독립해 1867년에 캐나다 연방이 형성된다(Duran, 2003).

영국 통치 시절부터 이 지역에서는 프랑스어권 주민들과 영어권 주민들 사이에 크고 작은 갈등이 끊이지 않았다. 다수의 주민들이 분리독립 의지를 가지고 있었으며, 캐나다 연방 형성 이후에도 퀘벡주에서는 분리독립 요구와 운동이 끊이지 않고 지속되었다. 이에 퀘벡주의 친분리독립 정치세력들이 힘을 모아 1980년과 1995년 두 차례에 걸쳐 캐나다 연방에서 퀘벡주를 분리독립 하기 위한 주민투표(referendum)를 실시한다. 1980년 5월 20일에 실시된 주민투표에서는 찬성 40.4%, 반대 59.56%의 비교적 큰 차이로 부결되었으나, 1995년 10월 30일에 실시된 주민투표에서는 찬성 49.42%, 반대 50.58%의 아주 근소한 차이로 부결되었다.

그림 14-2 캐나다 퀘벡주의 위치와 주기

자료: Wikimedia commons.

퀘벡 주정부가 지방정부 차원의 외교를 발전시켜 온 것은 바로 이러한 역사적 배경 때문이다. 퀘벡 주정부는 캐나다 다른 주들의 주민과 해외 주요국의 시민을 대상으로 퀘벡주만의 차별화된 정체성을 강조하여 분리독립의 정당성을 확보한다는 목표를 가지고 있다. 이에 따라 퀘벡 주정부는 중앙정부와는 별도로 주정부 차원에서 독자적인 외교 활동을 활발히 수행해 왔으며, 외교 관련 주정부 조직을 운영하기 위한 법적인 토대도 마련했다. 퀘벡주가 주정부 차원에서 처음 외교 활동을 시작한 것은 1891년이지만, 본격적으로 활동을 전개한 것은 1911년 런던에 첫 해외 사무소를 개설하면서부터다. 1965년에는 게랭라주아 독트린(la Doctrine Gerin-Lajoie)을 통해 연방정부와는 별도로 주정부 차원에서 조약 체결을 포함한 독자적인 대외 관계를 수립할 수 있는 법적 근거를 마련했다(Paquin· Chaloux, 2016).

1984년 무렵부터 퀘벡주의 주요 정치학자들은 퀘벡주의 지방외교를 위한 해외 사무실에 미니대사관(mini-embassies)이라는 용어를 사용

그림 14-3 캐나다 퀘벡 주정부의 해외 대표부와 사무소

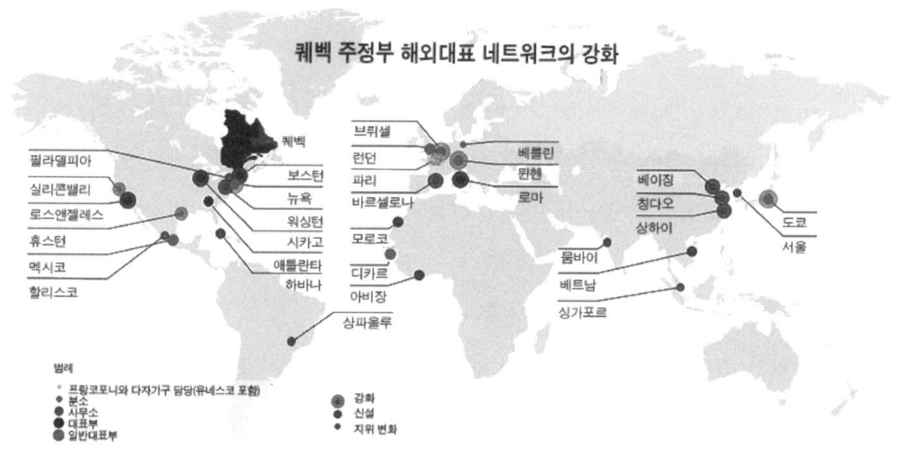

자료: 캐나다 퀘벡 주정부.

하기 시작했고, 2006년부터 주(駐)유네스코 캐나다 대표부에 퀘벡 주정부 대표가 별도로 상주하게 된다. 퀘벡주 차원의 지방정부 공공외교는 퀘벡 주정부의 국제관계 및 프랑코포니부(Ministry of Inter- national Relations and La Francophonie, 이하 MIRO)라는 부처가 담당한다. MIRO는 전 세계 18개국에 32개 사무소(미니대사관)를 운영하고 있으며, 이 중에서 미국 뉴욕, 영국 런던, 벨기에 브뤼셀, 독일 뮌헨, 일본 도쿄 등 해외 주요 도시에 종합 대표부를 운영하면서, 연방정부 차원에서 이루어지는 외교·국방 및 영사 업무를 제외한 경제·통상·문화·교육 등 전반적인 외교 활동을 전개하고 있다. 단적인 예로, 1991년 주한 퀘벡 주정부 대표부가 서울에도 설치되어 통상·기술혁신·교육·문화·투자 촉진 등의 업무를 수행하면서, 국내에서 퀘벡주에 대한 이해를 높이는 공공외교 업무도 함께 수행하고 있다.

캐나다 퀘벡 주정부가 추구하는 지방 공공외교의 특징은 정체성 기반 공공외교(identity-based Public diplomacy)이다. 퀘백 주 정부는 정체성 기반 공공외교를 통해서 해외 대중은 물론이고 퀘벡 이외의 캐나다 다른 주 시민들에게 퀘벡 주정부가 구축하려는 정체성을 알리는 데 주력한다. 이것은 필요와 상황에 맞게 퀘벡 주정부가 융통성 있게 전개하는데, 과거 캐나다 연방으로부터 분리독립을 추진할 때는 퀘벡의 차별화된 정체성을 강조하는 데 주력했다. 반면, 최근 MIRO가 공공외교를 통해 강조하려는 정체성은 "환경문제에 강한 감수성을 가진 포용적이고 창조적이며 기술적·사회적으로 진보한, 환대가 넘치는 프랑스어권 국가(a welcoming French-speaking nation, inclusive and creative, technologically and socially advanced, with a strong sensitivity towards environmental questions)"라고 밝히고 있다(Huijgh, 2019: 116).

3. 스페인 카탈루냐 지방의 지방정부 공공외교

스페인은 비교정치학적으로 연방제(federation) 국가로 분류되지 않고 단방제(unitary state) 국가로 분류된다. 그러나 고도의 자율성을 가진 17개 주를 중심으로 분권화된 단방제로, 실질적으로는 연방제에 준하는 형태로 여겨진다. 스페인의 카탈루냐 지방은 이 중 4개 주, 즉 바르셀로나(Barcelona), 헤로나(Girona), 를레이다(Lleida), 타라고나(Tarragona)로 이뤄진 자치공동체(autonomous community)이다. 카탈루냐 지방은 12세기부터 카탈루냐 왕국을 유지하다가, 18세기 초반에 현재 스페인의 수도인 마드리드 지방을 중심으로 한 카스티야 왕국에

그림 14-4 스페인 카탈루냐 지방의 위치와 분리독립주의운동 깃발

자료: Wikimedia commons.

병합되었다. 이질적인 역사·문화·언어를 감내해 온 카탈루냐 지역에서는 20세기 초반부터 분리독립운동이 꾸준히 전개되었다. 2000년대 들어 카탈루냐 지역은 바르셀로나와 지중해 연안을 중심으로 관광산업이 발달해 부유한 지역이 되었으나 스페인 중앙정부의 무능에서 비롯된 경제난으로 인해 피해를 입고 있다는 지역 정서가 생기게 되었다. 이러한 지역 정서를 배경으로 카탈루냐 지역의 분리독립운동 정치세력들의 지지율이 올라가면서 2014년과 2017년에는 분리독립 여부를 묻는 주민투표가 실시되었다.

2014년 11월 9일에 실시된 카탈루냐 분리독립 주민투표(Catalan self-determination referendum)에서 찬성이 80.8%로 압도적이었으나, 이 투표는 스페인 중앙정부로부터 허가를 받지 않고 카탈루냐 지방정부 차원에서 주민들의 의견을 물은 것으로 법적 효력은 없었다. 그러나 그 후 분리독립에 대한 지역주민들의 의지가 결집하여 2015년 카탈루냐 지방의회 선거에서 분리독립주의 성향의 정당들이 과반 이상의 의석을 확보했다. 2016년에는 카탈루냐 지방의회가 분리독립 주민투표

안을 가결시켜 2017년에 주민투표 시행을 확정했으나, 스페인 헌법재판소가 카탈루냐의 분리독립에 대해 위헌판결을 내렸다. 이에 카탈루냐 지역의 분리독립 의지가 더욱 강경해져 결국 스페인 중앙정부의 물리적 봉쇄에도 불구하고 2017년 10월 1일 분리독립을 위한 주민투표를 진행해 투표율 43.03%에 찬성 92.01%가 나와 분리독립을 선포했으나, 스페인 중앙정부의 무효 선언과 유럽 주요국들을 포함한 국제사회의 사실상 불승인으로 좌절되었다.

카탈루냐 지방 차원의 지방정부 공공외교는 이처럼 분리독립운동에 유럽 주변국들과 국제사회의 이해와 지지가 필수적이기 때문에 우호적인 여론을 조성하기 위해 추진되어 온 것이다. 이러한 맥락에서, 2014년 카탈루냐 분리독립 주민투표를 앞두고 공공외교가 중요하다는 인식하에 카탈루냐 지방정부 주도로 공공외교 활동을 위한 민관협력체인 카탈루냐 공공외교 위원회(Public Diplomacy Council of Catalonia, 이하 DIPLOCAT)가 구성되었다. DIPLOCAT은 설립 직후부터 유럽과 미국의 주요 고등교육기관들과 학술행사를 개최하면서 카탈루냐 독립에 대한 논의를 활성화해 나갔다. 이와 함께 해외 주요 언론에 카탈루냐 독립에 대한 역사적 당위성과 지역주민들의 열망을 기고해 소개하고, 디지털 채널을 적극 활용해 SNS에서 카탈루냐 독립의 정당성을 설파하는 활동을 했다(Vela and Xifra, 2015).

그러나 2017년 스페인 정부가 DIPLOCAT 활동에 대한 위헌 심판을 청구해 결국 헌법재판소의 판결에 따라 강제 해산되었는데, 이는 스페인 '헌법' 155조에서 "외교는 오직 스페인 정부가 관할한다"라는 조항에 근거한 결정이었다. DIPLOCAT는 비록 해체되었지만 카탈루냐 지방 차원의 공공외교를 주도하던 경험은 커다란 성과로 남아

그림 14-5 스페인 카탈루냐 지방정부 공공외교를 위한 민관협력체 DIPLOCAT

자료: DIPLOCAT.

지금도 다양한 형태로 전개되고 있다(Sánchez et al, 2016). DIPLOCAT의 성공 요인은 민관협력체 중심의 공공외교를 운영했다는 점이다. 지방정부, 시민사회, 지역 기업, 지역 학계가 민관 협력 거버넌스를 구성해 효율적으로 메시지를 전달해 왔고, 특히 전 세계적으로 수많은 축구 팬을 보유한 FC 바르셀로나(FC Barcelona)가 카탈루냐 분리독립 투표를 폭력으로 막은 중앙정부에 항의하는 의미로 동맹파업에 참여해 구단을 일시 폐쇄하자 수많은 전 세계 사람들이 카탈루냐 분리독립 운동에 관심을 가지게 되는 효과를 거두기도 했다.•

• https://www.fcbarcelona.com/en/football/first-team/news/738214/fc-barcelona-closed-3-october.

참고문헌

유병선. 2018.『지방정부의 공공외교 활성화 방안: 대전광역시를 중심으로』. 세종연구원.

Aldecoa, F. and M. Keating. 2013. *Paradiplomacy in Action: The foreign relations of subnational governments*. Routledge.

Alexander, C. 2014. "Sub-state public diplomacy in Africa: The case of the Scottish government's engagement with Malawi." *Place Branding and Public Diplomacy*, 10(1), pp.70~86.

Durand, M. 2003. *Histoire du Québec*. Abingdon: Editions Imago.

Huijgh, E. 2019. *Public Diplomacy at Home: Domestic Dimensions*. Leiden; BRILL.

_____. 2010. "The Public Diplomacy of Federated Entities: Examining the Quebec model." *The Hague Journal of Diplomacy*, 5(1-2), pp.125~150.

Jackson, T. 2018. "Paradiplomacy and political geography: The geopolitics of substate regional diplomacy." *Geography Compass*, 12(2), e12357.

Jarvie, G., S. Murray and S. Macdonald. 2017. "Promoting Scotland, diplomacy and influence through sport." *Scottish Affairs*, 26(1), pp.1~22.

Kuznetsov, A. S. 2014. *Theory and Practice of Paradiplomacy: Subnational Governments in International Affairs*. Abingdon: Routledge.

La Porte, T. 2013. "City public diplomacy in the European Union." in K. Mai'a and J. Melissen(eds.). *European Public Diplomacy*. London: Palgrave Macmillan, pp.85~111.

Michelmann, H. J. and P. Soldatos(eds.). 1990. *Federalism and International Relations: The role of subnational units*. New York: Oxford University Press.

Paquin, S. and A. Chaloux. 2016. "La doctrine Gerin-Lajoie: 50 Ans et pas une ride." Special Edition Rev. *Quebecoise de Droit Int'l*, 5.

Sánchez, J. L. M., J. H. de la Casa and F. S. Pérez. 2016. "Mobilising diplomacy.

The Catalan and Scottish referendums in network diplomacy." *Revista Latina de Comunicación Social*, 71, p.961.

Vela, J. D. S. E. and J. Xifra. 2015. "International representation strategies for stateless nations: The case of Catalonia's cultural diplomacy." *Place Branding and Public Diplomacy*, 11(1), pp.83~96.

Wolff, S. 2007. "Paradiplomacy: scope, opportunities and challenges." *The Bologna Center Journal of International Affairs*, 10(1), pp.141~150.

Xifra, J. 2009. "Building sport countries' overseas identity and reputation: A case study of public paradiplomacy." *American Behavioral Scientist*, 53(4), pp.504~515.

찾아보기

인명

용어

지은이 | **윤석준**

현재 서강대학교 사회과학연구소 연구교수이다. 서강대학교에서 정치학·불문학·경제학을, 이탈리아 볼로냐 대학에서 기호학을, 스위스 제네바 대학에서 유럽학을 공부한 뒤, 프랑스 파리정치대학(시앙스포)에서 정치학 박사학위를 받았다. 현대아산(주) 기획실에서 현대그룹의 남북경협 전략기획 업무를 담당한 바 있다. 파리정치대학 유럽학연구소(Sciences Po/CEE) 연구원, 미국 존스홉킨스 대학 국제대학원(SAIS) 객원연구원을 역임했으며, 서강대학교 정치외교학과와 서울대학교 정치외교학부에서 유럽정치와 국제정치를 강의해 왔다.

주요 논문으로 「'박물관의 유럽화'를 통한 유럽의 문화정치」(2018), 「공적개발원조의 유럽연합화와 경제협력개발기구화」(2017), 「EU 경계를 넘어 선 수평적 유럽화: 스웨덴 및 스위스의 대북정책 사례를 중심으로」(2015), "La Construction Européenne par la Culture selon Denis de Rougemont"(2012) 등이 있고, 주요 저서로는 『유럽의 타자들』(공저, 2019), 『유럽정치론』(공저, 2018), *Whither North Korea?*(공저, 2018), *The Palgrave Handbook of EU-Asia Relations*(공저, 2015) 등이 있다.

한울아카데미 2252
공공외교의 이해

지은이 | 윤석준
펴낸이 | 김종수
펴낸곳 | 한울엠플러스(주)
편집책임 | 최진희

초판 1쇄 발행 | 2020년 8월 31일
초판 2쇄 발행 | 2021년 1월 27일

주소 | 10881 경기도 파주시 광인사길 153 한울시소빌딩 3층
전화 | 031-955-0655
팩스 | 031-955-0656
홈페이지 | www.hanulmplus.kr
등록 | 제406-2015-000143호

Printed in Korea.
ISBN 978-89-460-7252-7 93340

* 책값은 겉표지에 표시되어 있습니다.